EL
LIBRO DE LA
SANACIÓN ZEN

EL LIBRO DE LA SANACIÓN ZEN

Rituales japoneses para la belleza, la armonía y el amor

—

PAULA ARAI

Prólogo de PICO IYER

Ediciones Luciérnaga

Título original: *The Little Book of Zen Healing: Japanese Rituals for Beauty, Harmony, and Love*
Primera edición en inglés a cargo de Shambhala Publications.

Diseño de la cubierta: Planeta Arte & Diseño

Primera edición: febrero de 2025

Ediciones Luciérnaga
Av. Diagonal 662-664
08034 Barcelona
www.planetadelibros.com

ISBN: 978-84-19996-84-8
Depósito legal: B. 18.710-2024

Impreso en España - Printed in Spain

PEFC Certificado
Este libro procede de bosques gestionados de forma sostenible
PEFC
PEFC/14-38-00305
www.pefc.es

Que esta colección de historias y reflexiones que he recopilado durante mi peregrinación dé luz a formas de nutrir y cosechar una abundancia sanadora de belleza, armonía y amor.

Plantar semillas de zen
en un suelo enriquecido con sabiduría.
La sanación florece aquí.

CONTENIDOS

PRÓLOGO
MEDICINA PARA LA MENTE

Cuando falleció mi suegro en Kioto (y luego mi suegra, y luego el tío de mi mujer), me maravilló la claridad de todo lo que ocurrió después. Precisamente en el momento en que la mayoría de nosotros estamos perdidos (afligidos, enfadados, confundidos...), los japoneses han perfeccionado una serie de rituales mediante los cuales todo el mundo sabe dónde debe ir, qué debe hacer y qué oraciones debe recitar. Tal como Paula Arai nos recuerda en estas páginas, no es una forma de apartar el corazón de la existencia, sino más bien un modo de incorporar la humanidad al día a día y de guiarnos a través de la incertidumbre que forma parte de cada vida.

Se ha observado a menudo que Buda era, en el fondo, un doctor de la mente; que no era perfecto ni inmortal, pero estaba comprometido en todo momento con tratar de curar nuestro malestar. Siempre que hablo con el dalái lama, cosa que llevo cuarenta y ocho años haciendo, lo que más me sorprende es su mezcla de compromiso y humildad. Ningún médico puede salvarnos de la muerte, el dolor o la vejez, pero señala que cualquiera de nosotros puede, si está dispuesto, liberarse de parte del sufrimiento innecesario que traen consigo el apego, la aversión y la distracción.

La belleza de vivir en Japón para mí consiste en que dondequiera que mire encuentro ejemplos a diario de cómo una comprensión más amplia de uno mismo y una compasión activada pueden endulzar la vida y sanar sus tensiones. No hay nada sofisticado ni teórico en ello: un vecino cuida del hijo de un desconocido, un amigo del gimnasio me recuerda que las hojas del otoño son una lección de inmutabilidad y cambio. Mi mujer prepara comida y té para sus difuntos padres todas las mañanas; incluso un adolescente en un 7-Eleven me entrega un Kit Kat como si fuera una bendición.

Por tanto, estoy muy feliz de que Paula Arai haya unido su corazón abierto y su estrecha relación con un grupo de mujeres japonesas sabias y humildes para señalar lo que muchos de nosotros, más necesitamos en un mundo cada vez más desorientado. Podría estar diciéndonos que la farmacia está aquí mismo, y quienes han transitado este camino antes que nosotros saben que la medicina está en el interior. Cada una de las mujeres que ha seleccionado para este libro podría brindarnos un recuerdo práctico y amable del mensaje tranquilizador que recibió poco después de dejar el Midtown de Manhattan para irse a vivir a Japón: cuida la mente (los harapos, el cojín) y podrás cuidar del mundo. Sigue los pasos de quienes te han precedido y forjarás un nuevo camino hacia el mañana.

PICO IYER

Green Gulch Farm, junio de 2022

AGRADECIMIENTOS

Seres incansables cultivaron las condiciones oportunas que permitieron que este libro floreciese.

Durante la temporada tranquila antes de que las semillas de este libro empezasen a germinar, la doctora Beth Conklin y el director Peter Sellars vertieron un nutritivo elixir de ánimo, incluso de urgencia (la pandemia de la COVID-19 dejó al descubierto las raíces de la desigualdad económica y la injusticia racial, que generan sistemáticamente una cantidad de sufrimiento incalculable; la explotación sexual empezó a estallar en la conciencia general; la gente anhelaba la curación en todo el mundo), que hizo que las incontables semillas que se habían plantado en mi corazón a lo largo de los años comenzasen a brotar. Las condiciones que surgieron fueron como un invernadero que proporcionaba solo la cantidad justa de lo que necesitábamos para crecer.

Muchos amigos con conocimientos diversos me ayudaron a labrar la tierra, entre ellos Jo Laurence, la doctora Linda Hess y la doctora Tara Doyle. Me suministraron fertilizante en los momentos críticos del crecimiento.

Las historias que constituyen el centro de este libro crecen directamente del corazón de seres generosos dispuestos a compartir la poderosa belleza de los momentos vulnerables de su vida. Su transparencia inspira a la vez que sana.

Durante el verano de crecimiento estable del libro, un precioso grupo de personas mayores de Nueva York cuidó el jardín, irradiando regularmente rayos de sol en borradores de distintas partes del manuscrito.

Todo el equipo de Shambhala generó un clima que ayudó a que el libro prosperase, y cada persona se ocupó cuidadosamente de facetas importantes del jardín. Estoy especialmente agradecida por el hecho de que Matt Zepelin, mi editor, sea un maestro jardinero que sabe exactamente qué hierbas arrancar, qué ramas hay que podar y qué plantas regar.

El lúcido prólogo de Pico Iyer abre este libro con un sendero que invita a entrar al jardín.

La doctora Miranda Shaw, el doctor Paul Ramsour y Laurie Pullen se ocuparon del jardín durante todas las estaciones, y cada uno ofreció cuidados complejos y una hábil guía a través de sequías, tormentas y expediciones exploratorias.

Además de brillar sobre mí como una estrella guía, mi maestra zen, Kitō Shunko Sensei, me ofreció la flor culminante para este libro. Década tras década, siempre fue su elegante caligrafía la que apareció en los carteles del convento zen de Nagoya.

Ahora, en el otoño de su vida, sus manos de persona de noventa y siete años no son tan ágiles. Justo después de que me mandase por correo la caligrafía para este libro, una monja que la ayuda me explicó lo decidida que estaba Sensei a cumplir con mi petición de que pintase la caligrafía para cada título de capítulo del libro. El profundo amor de Kitō Sensei se manifiesta en cada pincelada, siempre inscrito en mi corazón.

Kenji y Kai son como la tierra que sustenta con fuerza constante los arroyos que fluyen continuamente con alimento fértil y el cielo que protege con un abrazo expansivo.

Que todos vosotros (con nombre, sin nombre, vivos y muertos) sintáis mi gratitud como un árbol de hoja perenne que ofrece sombra cuando hace calor, luz solar cuando hace frío, fruto cuando tienes hambre, y que un jardín de flores siempre fructíferas, aporten fragancia a tu mundo con una belleza armonizadora y un amor sanador.

Con las palmas de las manos juntas y la cabeza inclinada,
PAULA
Lompico Canyon, septiembre de 2022

EL
LIBRO DE LA
SANACIÓN ZEN

本

1 | OFRENDA

¿Qué puedo ofrecer a mis seres queridos, a mí misma, a mi comunidad y a mi entorno?

La semilla de este libro se plantó el día que murió mi madre, el 18 de diciembre de 1996.

Unas cuantas primaveras antes estuvimos viviendo juntas en Japón. Durante las más de tres décadas transcurridas desde que emigró a Estados Unidos solo había hecho algunas visitas cortas a su tierra natal. Cuando se instaló allí durante seis meses mientras yo me dedicaba a la investigación, establecimos un ritmo de vida marcado por la elaboración y el consumo de las comidas con las que la habían criado. Rebosaba de puro deleite mientras cortaba en rodajas finas pepinos japoneses, más pequeños y menos acuosos que los de Detroit, donde me crio. Caí en la cuenta de que no tener pepinos japoneses para preparar una receta sencilla era solo una de las innumerables pérdidas que había experimentado al elegir casarse con un euroestadounidense y vivir en un país extranjero. Al cocer berenjenas japonesas en una simple salsa *miso* finalmente pudo ofrecerme el sabor de la comida casera de su madre. Cocinar las pequeñas berenjenas era una experiencia dirigida a conectar generaciones, de su madre a su hija.

Mi madre tenía poco más de treinta años en 1957, cuando se mudó a Detroit, la ciudad natal de su marido, con un bebé en brazos y otro en camino. Estudiar la gramática inglesa y el vocabulario no era tan importante como planchar los pañales del bebé para que la gente de la iglesia no pensase que era una madre sucia y apestosa. Yo crecí con el inglés como primera lengua, de modo que carecíamos de la herramienta básica para generar significado: un idioma compartido. Eso creó un clima sombrío entre nosotras.

Me propuse conectarme más profundamente con mi madre después de que una profesora de secundaria muy preocupada nos explicase que el Gobierno de Estados Unidos había encarcelado a personas de ascendencia japonesa durante la Segunda Guerra Mundial. La señora McFarland, como profesora esmerada en un distrito escolar bien financiado cuyo alcalde ganó las elecciones durante décadas con una plataforma segregacionista, me dio libros para leer fuera de clase. Sabía que era importante para mí entender por qué mi madre no era bienvenida en nuestro nuevo hogar en Dearborn, un suburbio de Detroit. Aunque nuestra familia había vivido de forma solidaria con la comunidad en la que se había incrementado la violencia social después de los disturbios de Detroit en 1967, en 1972 la violencia interpersonal y la disfuncionalidad penetraron en la escuela y mi padre se rindió. Dio nuestra casa, que se encontraba solo a unas manzanas de distancia del epicentro de los disturbios, al Departamento de Vivienda y Desarrollo Urbano. Investigó las escuelas públicas de la región en busca de un entorno seguro con educación de alta calidad. Gracias a que la compañía automovilística Ford pagaba los impuestos municipales en su inventario mundial, Dearborn se destacó. Pudimos mudarnos allí porque mi padre blanco era el único rostro que veían los agentes inmobiliarios y los banqueros. No obstante, durante años nuestros nuevos vecinos lanzaron epítetos racistas a mi madre y tiraron malas hierbas en nuestro camino de entrada. Sentí una necesidad muy primaria de comunicarme con mi madre cuando empecé a ver más claramente que la trataban como a un ser inferior, y eso me llevó a buscar formas de salvar la distancia entre nosotras.

Durante años me dediqué a aprender japonés. El japonés se convirtió en un portal a través del cual cobraron vida los matices del conocimiento de mi madre y la complejidad de su pensamiento. No es que hablase muy bien japonés, pero lo entendía lo suficiente como para que mi madre pudiese abrirse conmigo y expresarse. La cortesía integrada en la gramática japonesa y el uso culturalmente ritualizado de frases respetuosas me hicieron pasar de ser una persona engreída y egocéntrica en inglés a una hija considerada y cariñosa en japonés. El japonés se convirtió en una vía para relacionarnos de manera armoniosa. Fue así como empecé a ver el lenguaje como una forma infinitamente flexible de actividad ritual que crea y conecta mundos.

El lenguaje fue la forma en que mi madre reveló los desafíos que había afrontado, ya que su apariencia alegre no daba ninguna pista de ello. Había mucho más de lo que su hija, que tocaba el violín, que había ganado una beca escolar y que era animadora en un instituto de las afueras, podía siquiera sospechar. Su educación se había interrumpido de forma temprana, cuando era solo una niña, para poder trabajar y ayudar a su familia. Durante la guerra aprendió no solo a pasar hambre, sino también que hay que correr perpendicularmente a la trayectoria de un bombardero para aumentar las posibilidades de supervivencia. Era una fuente de resiliencia y un manantial de alegría. No obstante, no llegué a apreciar todo esto hasta que me embarqué en una peregrinación. Antes simplemente pensaba que tenía una personalidad alegre. No me había dado cuenta de que mi madre había vivido una existencia alimentada por intenciones reflexivas y rituales para crear significado.

El día que murió mi madre, una vorágine de emociones (ira por las circunstancias que rodearon su muerte, miedo sobre qué hacer, inseguridad por ser madre primeriza sin tener a mi madre cerca, arrepentimiento por no haber hecho más por ella) me sumergió en una espiral de sufrimiento. Cuando estaba a punto de romperme, encendí una vela y ofrecí una sola varilla de incienso. El poder curativo de aquel humilde ritual fluyó dentro de mí. Absolutamente sorprendida de que un acto tan sencillo pudiese condensar el cúmulo de emociones tensas y desorientadoras en un momento de paz sanadora, me di cuenta de que debía de haber mucho más que aprender sobre aquel fenómeno.

Frágil, desconcertada y exhausta, me embarqué en un peregrinaje por Japón para aprender cómo puede surgir la sanación en medio del tumulto. Mi viaje, que con el tiempo se extendió más allá de las costas del archipiélago japonés, me llevó al hogar y al corazón de muchas personas. Recurriendo a sus experiencias personales como abuelas, artistas, maestras zen, enfermos crónicos y terminales, supervivientes de guerra, padres y madres de niños adoptados, trans o fallecidos y mucho más, derramaron la sabiduría que había fluido de generación a generación, conectando a los ancestros del pasado incalculable con la progenie del futuro inestimable. Al beber de lo más profundo de sus pozos de sabiduría, gané conocimiento sobre el hecho de que el día a día está repleto de posibilidades para implementar rituales curativos.

Es habitual pensar en los rituales como acciones estáticas y repetitivas, como saludar a alguien con un apretón de manos o decir «Jesús» cuando alguien estornuda. Asimismo, muchas veces los consideramos una obligación proveniente de una autoridad superior, como cuando los cristianos toman la comunión porque la Iglesia dice que deberían hacerlo. También es cierto que los rituales pueden ser herramientas para controlar a las personas para que actúen conforme a ciertos valores, como arrodillarse o ponerse de pie al cantar el himno nacional, o para cultivar una identidad determinada, como los hombres judíos que llevan kipás o las mujeres musulmanas que usan hiyab. Las prendas de ropa ritualizadas (piensa en el uniforme de un empleado de unos grandes almacenes o en la bata blanca de un médico) ayudan a establecer roles y a contextualizar la autoridad. Frases ritualizadas como «por favor», «gracias» y «disculpe» facilitan las interacciones sociales y, en ciertos casos muy potentes («sí, quiero»), transforman relaciones. Las graduaciones son rituales que señalan logros. Los cumpleaños y los aniversarios marcan el paso del tiempo. Los rituales pueden ser extremadamente prácticos, como el de caminar por el lado derecho de la acerca en Estados Unidos y por la izquierda en Japón. La palabra *ritual* también ha llegado a referirse a acciones rutinarias y vacías de significado, como cuando los políticos mandan sus «pensamientos y oraciones» como respuesta a una masacre con armas de fuego. La repetición frecuente de actos ritualizados vacíos invita al cinismo, y entiendo perfectamente cuando una persona abandona rituales del pasado culturalmente condicionados que ya no tienen mucho significado para ella, si es que alguna vez lo tuvieron.

Sin embargo, nadie tiene el monopolio de los rituales, y sería una pena meter en el mismo saco la creación de significado ritualizada y los rituales específicos hacia los que sentimos aversión o indiferencia. Yo me acerco a los rituales reconociendo que todo el mundo tiene la libertad de crearlos, porque cada persona tiene el poder de generar significado. Ya sea haciendo uso de tradiciones culturales muy queridas o empezando desde cero, infundir significado a las actividades diarias es una forma natural de crear rituales. De hecho, muchos rituales son sencillos y no requieren una formación especial. Incluso puedes convertir el cepillado de dientes en un ritual parándote atentamente a reflexionar sobre que cerrar el grifo mientras te cepillas es un acto de humildad y una forma concreta de respetar el hecho de que compartimos recursos en este planeta. Cualquier persona tiene la capacidad de transformar momentos de la vida cotidiana en rituales sanadores.

Los rituales sanadores son actos específicos de compasión que pueden guiarnos por la vida y nos ayudan a rebajar el miedo y la ansiedad y a incrementar nuestra conciencia y nuestra conexión. Estos rituales florecen en el desorden de las condiciones vitales. No tienen nada que ver con lo que está «bien» y lo que está «mal» y no son exclusivos de una tradición en particular. Los rituales curativos más bien están impulsados por una intención reflexiva y se vinculan a nuestro amor más profundo. Cuando estás en sintonía con este amor puedes crear rituales que son sanadores y, a su vez, cuando llevas a cabo un ritual sanador estás en armonía con tu yo más elevado.

Tanto si te encuentras en circunstancias mundanas como en momentos excepcionales de dificultad e incluso de desesperación, los rituales sanadores penetran en el corazón y te guían para que vayas más allá de las tormentas de la superficie. No pueden cambiar el pasado, pero sí pueden ayudarte a modificar tu experiencia del presente. La curación se produce en parte cuando nos centramos en la inmediatez del sistema cuerpo-corazón-mente aquí y ahora; es una calidad de vida que genera compasión por uno mismo, por los demás y por el entorno. Los rituales sanadores transforman de manera creativa las púas en bálsamos.

Plantar semillas de zen en la vida cotidiana puede producir una cosecha de curación. Puedes cuidar estas semillas mientras cocinas, limpias y señalas los caminos de la vida. Las etapas de enfermedad y pérdida también son suelo fértil para la sanación. La sanación crece donde se necesita, igual que un loto florece en el barro.

Durante mi peregrinación descubrí diez tipos de actividades sanadoras que cualquier persona puede practicar, incluso (o especialmente) cuando estamos ocupados, estresados y nos sentimos tristes:

› Experimentar la interrelación
› Vivir de acuerdo con el sistema cuerpo-corazón-mente
› Organizar rituales
› Disfrutar de la vida
› Nutrirse
› Crear belleza
› Expresar gratitud
› Aceptar la realidad tal como es
› Ampliar la perspectiva
› Practicar la compasión

A continuación, voy a hablar un poco más de cada una de ellas, pero tomemos primero un ejemplo sencillo (comer) y veámoslo a la luz de las diez clases de actividades curativas.

Cuando comes puedes experimentar la interrelación al reflexionar sobre todo lo que ha sucedido para que puedas saborear esa comida: el sol brilló, la lluvia cayó, los agricultores labraron, los conductores del camión la entregaron, los dependientes de las tiendas la embolsaron, etcétera.

Puedes vivir de acuerdo con el sistema cuerpo-corazón-mente como una actividad sanadora cuando hueles una seta y saboreas el cuidado con que la persona que la cocinó la condimentó. Al probar la terrosidad del hongo conectas con la tierra por medio de las manos y el corazón del cocinero.

Hacer una pausa para decir una oración antes de comer es un ritual común que convierte el acto de comer en un ritual curativo. También puedes organizar rituales en torno al consumo de ciertos alimentos; por ejemplo, ¿qué sería de la noche de Fin de Año sin las uvas? Comer pasteles de arroz *mochi* japoneses significa que ha llegado el nuevo año a casa, lo cual reafirma la cultura y el sentimiento de pertenencia, y se estrena el año con una sensación de abundancia.

Comer es, sin duda, uno de los placeres de la vida, especialmente cuando te detienes a disfrutar de los aromas que flotan en el aire, pruebas los sabores de la temporada y sientes las texturas sedosas, cremosas y crujientes en la boca.

Comer lo que tu cuerpo necesita para mantener la salud y no comer lo que le resulta perjudicial es fundamental para nutrirse.

Disponer la comida en el plato de manera ingeniosa es una forma sencilla de crear belleza todos los días.

Comer proporciona innumerables cosas por las que expresar gratitud: la cosecha, el trabajo que te permite comprar comida, la rebaja o el descuento que te ayuda a ahorrar dinero, la persona que cocina, los platos en los que comes, el tiempo para sentarse y compartir momentos con otros, etcétera.

Comer también ofrece oportunidades de sobra para aceptar la realidad tal como es, como cuando te olvidas de comprar un ingrediente o cuando cocinas demasiado la comida.

Comer es una actividad perfecta para ampliar tu perspectiva. Puedes aprender sobre valores y costumbres compartiendo comidas con amigos de distintos contextos culturales.

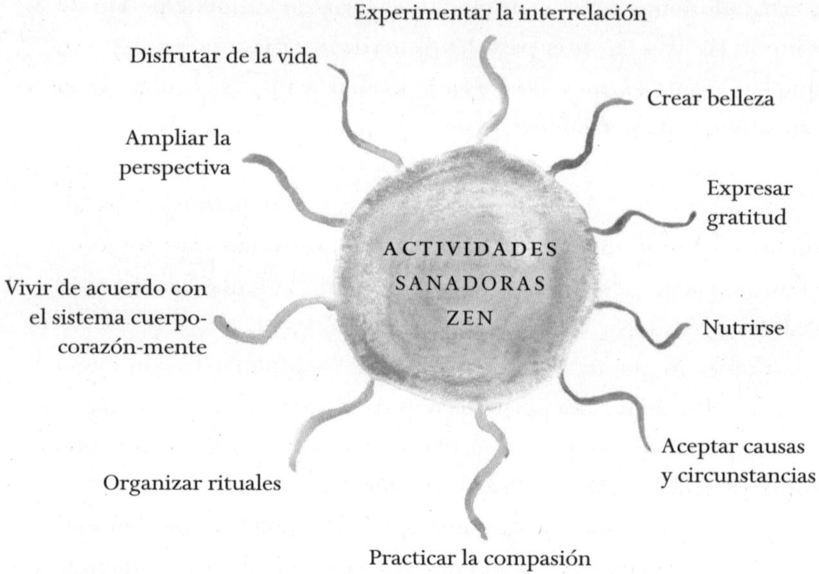

Comer es una forma elemental de expresar la compasión. Ofrece comida a una familia necesitada, sirve sopa a una persona enferma, alimenta a un bebé con cuchara, tritura comida para una persona en cuidados paliativos o simplemente haz una pausa para disfrutar del placer de quienes comen cerca de ti.

Experimentar la interrelación es una actividad curativa fundamental. Es distinta de comprender la interrelación. El conocimiento *per se* no tiene el peso necesario para impulsar un cambio transformador en nuestra forma de comportarnos. Por ejemplo, saber que [*inserta tu vicio particular*] no es bueno para la salud y el bienestar muchas veces no es suficiente para que no nos entreguemos a ello, especialmente cuando estamos estresados y cansados. Al experimentar la interrelación nos conectamos a redes inmensas de apoyo que nos aportan energía y estabilidad.

Vivir de acuerdo con el sistema cuerpo-corazón-mente implica trabajar en armonía, incluso cuando el cuerpo, el corazón y la mente parecen estar en desacuerdo. Siendo honestos, sabemos que el cuerpo, el corazón y la mente pierden cuando hacemos cosas que van en contra de todo nuestro ser. Cuando nos movemos con la fuerza de todo nuestro ser movilizamos la plenitud de nuestra fortaleza y resistencia, y accedemos a la sabiduría de nuestros huesos.

Las acciones ritualizadas, por definición, son movimientos codificados con significado y relevancia. Organizar rituales es elegir qué significado y relevancia cultivar y diseñar cómo ponerlos en práctica y transmitirlos mediante gestos, palabras, sonidos y valencia emocional. La clave es hacer aquello que pueda superar obstáculos creados por el miedo, el dolor o la ira y desatascar las vías de conexión bloqueadas por los residuos de los celos, la autocompasión o la culpa. Las cualidades estéticas preciadas del sonido, el olor y los colores, estar en un lugar en el que nos sentimos seguros y rodearnos de seres en los que confiamos (ya sean humanos, animales, botánicos, geológicos o simplemente uno mismo) suelen ser los elementos con potencial para ayudarnos a dejar atrás lo que nos ha nublado la pureza del corazón. Los aspectos idiosincrásicos y personales de tus rituales pueden generar un espacio de intimidad en el que es seguro ser dulce, flexible y abierto, y esta vulnerabilidad es un ingrediente necesario para disolver los apegos rígidos y las tendencias aislantes que infectan el corazón. Este es el secreto de por qué los rituales que crea uno mismo son particularmente eficaces.

Hay varias dimensiones del yo que deben ser nutridas, entre ellas la personal, la relacional y la ambiental. NUTRIRSE abarca actos como ir a dormir cuando se tiene sueño y beber agua cuando se tiene sed. Sin embargo, es difícil dormir cuando el estrés, el miedo o el dolor cobran un gran protagonismo, especialmente en tiempos distópicos. Estar en un espacio con una garantía absoluta de que esté libre de contagios, discriminación o violencia es, para muchas personas, un sueño lejano. El desafío de nutrirse subraya nuestra interdependencia. No es solo una cuestión de control y logro, sino también de elegir conscientemente amar.

Un aspecto esencial del hecho de nutrirse es DISFRUTAR DE LA VIDA. Esto es especialmente difícil debido a los desastrosos problemas que asolan el planeta, las comunidades y el corazón. Un enfoque apocalíptico puede ayudar a incitarnos a que actuemos y a que nos preocupemos, pero, de forma casi inevitable, termina llevando al agotamiento con el tiempo. Incluso si podemos sostenerlo un tiempo, normalmente pasa factura en las interacciones personales y hace que perdamos muchos momentos de alegría. Disfrutar de la vida no significa no preocuparse, sino más bien hacer lo que se pueda conscientemente con las condiciones que se tengan en cada momento, lo cual es intrínsecamente una actividad sanadora y que produce alegría. Hacer una pausa para disfrutar de una respiración profunda y sonreír en la exhalación es una manera sencilla y rápida de sentir la alegría de estar vivos, ya sea en el trabajo, en un voluntariado, haciendo ejercicio o incluso sacando la basura.

Otra actividad curativa que produce alegría de manera intrínseca es CREAR BELLEZA. Crear belleza es una de las fuerzas invisibles más potentes para llevar a cabo cambios positivos, junto con la compasión y el amor. Crear belleza es ver algo en su totalidad. La belleza puede generarse con cualquier ingrediente, en cualquier condición y en cualquier momento, porque solo depende de lo que elijas activar en el corazón.

EXPRESAR GRATITUD es una forma confiable de acceder a la belleza que hay en el interior del corazón, incluso cuando estamos cansados, estresados o enfadados. Si ponemos un poco de atención en el aquí y ahora, siempre habrá cosas por las que estar agradecidos. La lista podría reducirse a tener suficiente cantidad de oxígeno en el aire para poder respirar, suficientes líquidos potables para hidratarnos y suficientes sinapsis neuronales para pensar en el aire y en el agua. La lista de condiciones para la supervivencia es sorprendentemente corta en comparación con la lista de cosas que amenazan la supervivencia. Este pensamiento por sí solo puede considerarse una inspiración para estar agradecidos. Por un esfuerzo relativamente modesto la recompensa es significativa. En resumen, la gratitud es un camino directo hacia la curación de muchos males.

No obstante, los males son muchos, y ACEPTAR LA REALIDAD TAL COMO ES no es una tarea fácil. Negar la realidad y resistirse a ella nos drena la energía vital. La cantidad de energía que se desperdicia se vuelve más evidente cuando dejas de negar la realidad o de resistirte a ella. La aceptación te aligera, te energiza y te rejuvenece. No obstante, aceptar la realidad no significa que la realidad de una situación sea fácil, sino que eliminas pesos y complicaciones innecesarios. Esperar los resultados de unas pruebas para obtener un diagnóstico informado de una afección que ha formado silenciosamente una sombra sobre ti, minando tu energía y robándote la concentración, no es nada comparado con recibir un diagnóstico de que no hay cura para esa condición. Sin embargo, sanar no va de curas. Sanar consiste en disolver escollos que parecen obstaculizar el hecho de experimentarlo todo como parte integral del flujo dinámico de nuestro todo interrelacionado. La gratitud es un catalizador potente para la sanación, pero el mal trago de aceptar que no siempre puedes tener lo que quieres (o a veces incluso algo peor: aceptar cosas que tienes pero que no quieres) es lo que tiene el poder de liberarte.

AMPLIAR LA PERSPECTIVA es muchas veces la única manera de ver a través de la niebla y aceptar cosas que parecen injustas, inmerecidas, crueles o trágicas. Cuando miramos de cerca con ojos temerosos, la gran red de la interconexión queda fuera de nuestra vista. Mirar desde un punto de vista más amplio no es subestimar la seriedad de una situación, sino contextualizarla. El sufrimiento disminuye cuando percibimos nuestra identidad plena: una fuerza vital en un flujo luminoso danzante de interdependencia.

Un antídoto muy eficaz para el sufrimiento es PRACTICAR LA COMPASIÓN. Practicar la compasión suena idealista (es competencia de practicantes avanzados con mentes ecuánimes) y puede parecer que está fuera del alcance de todos nosotros, personas bienintencionadas para hacer el bien que una y otra vez destilamos estrés con nuestros gestos, nuestra mirada o nuestras palabras. Pero no tiene por qué ser así. Una de las ancianas japonesas más sensatas y prácticas que conocí en mi peregrinaje sanador dijo una vez algo bastante sabio sobre esto que transformó mi forma de pensar y de verme a mí misma. Reflexionó en voz alta: «Sé que me he curado cuando soy amable». De repente me di cuenta de que la curación es una decisión que tomamos en cada momento. No se necesitan décadas de meditación inmóvil para ofrecer una cálida sonrisa, detenernos a elegir palabras que no sean incendiarias o colocar un par de vasos cuidadosamente sobre la mesa después de localizarlos para un ser querido anciano que los ha extraviado por decimoséptima vez esa semana. No solo las personas que son claramente *bodhisattvas* y ángeles que viven entre nosotros tienen la responsabilidad de ser compasivas y ayudar a otras a sanar, porque la sanación es una forma de vida.

El formato circular del diagrama del sol te invita a centrarte en alguna de las actividades que te resulten atractivas, ya sea una a una, varias simultáneamente o una combinación para experimentar. No hay inicio ni final ni una forma correcta o incorrecta de proceder. Tal vez puedes escuchar en silencio las preguntas que surjan en tu mente. Apóyate en una sugerencia de actividad como lo harías en una persona querida que se preocupa por tu bienestar; sin juicios ni expectativas externas, explora cómo podrías implicarte en una actividad. Integrar una, varias o todas esas actividades en tu vida cotidiana es una forma de cuidar el jardín del corazón.

A lo largo de este libro encontraremos muchas historias de personas que entrelazan energía curativa en sus vidas. Espero que estos relatos modelen muchas posibilidades para ti y se filtren de forma natural en las circunstancias de tu propia vida. Yo también te proporcionaré indicaciones y enseñanzas como apoyo extra.

Al reconocer que puedes elegir qué hacer aquí y ahora, puedes evaluar la situación recordando una o más de las actividades sanadoras en forma de preguntas:

› ¿Cómo puedo conectar más profundamente con mi sistema cuerpo-corazón-mente?

- ¿Qué generaría más alegría?
- ¿Qué sería más nutritivo en esta situación?
- ¿Cómo puedo experimentar una mayor interrelación?
- ¿Qué clase de actividades ritualizadas puedo organizar?
- ¿Qué posibilidades se abren cuando amplío mi perspectiva de la situación?
- ¿Cómo podría crear más belleza?
- ¿Qué puedo hacer para aceptar el flujo de causas y circunstancias?
- ¿Cómo puedo expresar gratitud?
- ¿Qué acción encarnaría la compasión en este momento?

Puede que tu atención gire en torno a preocupaciones y circunstancias personales. En otro momento la esencia podría surgir de las dimensiones familiares, comunales o sociales de una situación. Las esferas ambientales y cósmicas también pueden ser los ejes motrices. Ver las interrelaciones de múltiples dimensiones es también un campo rico en actividades curativas.

Del mismo modo que nuestra relación con el sol cambia según la estación del año, los ciclos de la vida varían en duración, ritmo y cualidades. Observar las señales que indican el ciclo de una situación puede ayudarte a orientarte. A veces puedes preparar el corazón anticipando la clase de dinámicas que es probable que se desarrollen, del mismo modo que tienes gorros y botas apropiados para el frío y los días invernales o llevas un paraguas cuando hay previsión de lluvia. Ser consciente de la etapa en la que estás y estar preparado para ello hace que sea más fácil capear las condiciones. También es más fácil ver que no estás solo al experimentar las vicisitudes de la vida. Cada estación ofrece un modo de transformación. El otoño se caracteriza por ser una época de duelo por la pérdida y por la cosecha de frutos, una temporada para relajarse y dejar atrás los escombros. El invierno marca una etapa de condiciones duras y estrés, una época de descanso y soledad. La primavera implica un periodo de energía reactivadora y de centrar la intención, aunque la aparición de un nuevo crecimiento a menudo va acompañada de sufrimientos en desarrollo. El verano puede ser una época seca que te mina la energía. También designa un tramo de crecimiento sostenido y estable. Hay que hacer una pregunta cuando el cambio está en el aire: ¿en qué estación estamos?

Los órganos sensoriales son expertos en ayudarte a que te orientes a través de las estaciones. También tienen una habilidad especial para alejarte del peligro y ponerte a salvo. Pueden ser reclutados como amigos y respaldarte para que experimentes una presencia sanadora en las cosas que tocas, pruebas, hueles, oyes, piensas y ves. Sin embargo, las sensaciones desagradables no son amigas tuyas cuando te distraen de tus conexiones subyacentes, limitando las opciones que parecen posibles. Como amigos, tus sentidos pueden proporcionarte respuestas para que no caigas en hábitos de miedo y ansiedad profundamente arraigados que no sirven a tus circunstancias actuales. Redefinir los sentidos puede ayudarte a discernir la diferencia entre malas hierbas y flores.

La vulnerabilidad que conlleva afrontar retos puede ser una oportunidad para sintonizarnos con un nivel más sutil de experiencia. Para hacerlo yo uso los sentidos del corazón. Aprendí a hacerlo de Tanaka-san, una de las mujeres que conocí durante mi peregrinación. Su perla de sabiduría continúa moldeando mi forma de percibir el mundo.

Los lugares que ven los ojos de la carne tienen un límite.
Los lugares que ven los ojos del corazón no tienen límites.

Entonces, cuando quiero ver lo que hay debajo de las tormentas que azotan mi vida, miro con los ojos del corazón. De este modo puedo ver belleza, aunque solo sea una pizca. Del mismo modo, oler, saborear, tocar, oír y pensar con los sentidos del corazón ayuda a abrir el corazón para recibir la generosidad ilimitada de nuestra condición. Aunque los detalles inmediatos podrían amenazar con obstruir nuestra experiencia de lo ilimitado, percibir a través de los sentidos refinados del corazón revela nuestra interrelación.

Los órganos sensoriales te ayudan a percibir los fenómenos del día a día. Los sentidos del corazón te ayudan a percibir lo que hay debajo de la superficie, donde late una vasta red de interconexiones. Percibir con ambas lentes (en doble exposición) es la opción óptima para la sanación, pues puedes recorrer los detalles a la vez que eres consciente del contexto expansivo de las conexiones. Por ejemplo, al ver caer a un desconocido, los ojos del corazón ven la necesidad de extender la mano y ayudarlo a levantarse. O cuando una persona cuidadora privada de sueño oye un llanto por la noche, los oídos del corazón oyen la llamada de un amor que no conoce límites. Cuando el dolor crónico estalla, el cuerpo percibido con el corazón ilumina lo que todavía es viable. Sentir simultáneamente con los órganos y el corazón te permite vivir de un modo curativo y actuar de forma práctica y eficaz para aliviar el sufrimiento. En contacto con nuestro flujo cósmico de belleza expansiva, se abren ante ti perspectivas de posibilidad que alimentan la alegría, la gratitud y la compasión y te invitan a entrar.

A medida que exploras los siguientes capítulos, observa cómo las historias ilustran las diez actividades sanadoras que se entretejen en condiciones de vida y preocupaciones comunes: las tareas del hogar, limpiar, cocinar, fluir entre las transiciones de la vida, relacionarse, ser, cuidar, envejecer, hacer duelos, embellecer y armonizar. Bordar la vida diaria con actividades sanadoras es una forma creativa de responder a las causas y las circunstancias siempre cambiantes. Te animo a revisar a lo largo del camino el diagrama solar de la página 10 para arrojar más luz a las maneras en que las actividades curativas pueden dar respuestas a una serie de situaciones humanas.

Pienso en estas historias como filamentos de hilos coloridos que reuní en mi peregrinación; un camino que empezó en Japón tras la muerte de mi madre y que, en cierto modo, continúa hoy en día. Espero que te inspiren para tejer tu propio tapiz de sanación, que cobra vida a partir de los rituales que creas o personalizas para que se adapten a las circunstancias en las que vives tú, pero también tu familia, tu comunidad y el mundo que te concierne.

Cuanto más barro,
más grande es el corazón.
La sanación florece en el barro.

心

2 | CULTIVAR EL CORAZÓN

¿Qué nutrientes necesita el corazón para florecer?

Cuando conozco a Tanaka-san ya tiene más de ochenta años. Su intensa sabiduría es una fuerza de la naturaleza que lleva a la gente a buscar su consejo. Le digo que quiero hablar con ella sobre la sanación y me responde compartiendo conmigo una historia que está muy fresca en su recuerdo, como si hubiese pasado ayer.

El perfeccionismo la atormentaba cuando era más joven. La adoptaron cuando tenía siete años y nunca quiso ser una carga para sus nuevos padres por miedo a que la abandonasen. Nunca se relajaba y se esforzaba por comportarse como una hija ideal. Aunque la trataban bien, ella siempre creía que no era lo suficientemente buena. Al convertirse en madre (y ansiar ser una «buena madre»), sufría por las obligaciones contrapuestas del trabajo y la crianza. Las madres que trabajaban fuera del hogar estaban condenadas al ostracismo y provocaban hostilidad en la sociedad japonesa de los años sesenta. Creyendo que las buenas madres no trabajaban fuera de casa, se convenció a sí misma de que había fracasado en su labor maternal. Con el corazón desmoralizado en la mano, se arriesgó a sufrir repercusiones en el trabajo para hacer de acompañante en una de las excursiones escolares de su hija. Mientras caminaba por el sendero fingiendo diversión, y sus pupilos subían y bajaban con sus sombreros amarillos, el dolor profundamente arraigado de no ser una buena madre la atravesó.

El sendero se abrió a un estanque. Los lotos de color rosa suave florecían elevándose por encima del agua turbia. Tembló cuando la belleza incrustada en un agua tan sucia se filtró a través de los muros de vergüenza que se había construido en el corazón. Las flores que brotaban encarnaban la verdad de que la belleza puede crecer en el barro. Mientras contemplaba fijamente la escena, sin moverse, el corazón finalmente se le abrió como una presa, inundándola de una sensación desconocida de posibilidad. La sabiduría sanadora la anegó al ver más allá de las falacias que la habían mantenido cautiva. Vio que las circunstancias de su vida no condenaban su valor. La energía tremenda que había dedicado a ocultar el miedo insidioso tras su perfeccionismo se liberó y tembló por todo su cuerpo. Después de que las ondulaciones siguieran su curso, se sintió emocionalmente agotada. Sin embargo, por primera vez en la vida supo que era fuerte y valiosa. Se dio cuenta de que era un loto. Las circunstancias turbias de su vida eran la fuente de su poder, no una causa de deficiencia.

Liberada de su cautiverio autoimpuesto, miró a su alrededor y vio a su hija apiñada entre sus compañeros de clase, chillando de alegría al descubrir que había patitos cruzando el estanque de lotos detrás de su madre. Tanaka-san se dio cuenta de que el amor por sus hijos era suficiente. Los estaba criando para que fuesen curiosos y estuviesen abiertos a las maravillas del mundo. La presión por ajustarse al ideal social de la maternidad ya no la dominaba. Ahora veía el lodo como una fuente de nutrientes que sustentan la vida, de modo que nunca podría existir un entorno perfectamente estéril. Las personas, las familias, la sociedad y la naturaleza florecen gracias al lodo. Tanaka-san se liberó al comprender que el barro es el único lugar en que los lotos florecen.

Mi profesora de zen es una monja reconocida por muchos como una *bodhisattva* viviente. Es como una flor de ciruelo: lo suficientemente fuerte para ser amable en condiciones duras. Cuando la visité durante mi peregrinación, caminamos juntas por un campo famoso por su huerto de ciruelos. Le hice la pregunta que me quemaba en el corazón: «Kitō Sensei, ¿qué significa para ti la sanación?». Me respondió con una pregunta, haciendo pausas entre oraciones de un modo que nos conectaba a las dos con la profundidad del silencio: «¿No es sanación que estés respirando y que tu corazón lata con fuerza?». Mirando las flores de ciruelo a su alrededor, continuó diciendo: «Estás en la Gran Naturaleza. Tu corazón late incluso cuando duermes. Estás curada. Deja que todo sea tal como es: nacimiento y muerte». En el dorso de la ficha en la que yo tomaba notas escribió un viejo poema:

Ciruelas,
aun con frío doliente,
emanan una fragancia pura.

El corazón es un territorio fértil para la exploración. Del mismo modo que las palas ayudan a cultivar la tierra, las preguntas ayudan a cultivar el corazón. Contribuyen a excavar para airear el corazón. Estate atento a las preguntas que te haces a ti mismo y fíjate en los lugares a los que te llevan. Por ejemplo, «¿qué puedo hacer para dejar de sufrir?» invita a una respuesta directa, inmediata y práctica. Apela a la voluntad y a la acción. Las preguntas más abstractas e idealistas que activan los ejes correcto/incorrecto o bueno/malo pueden ser insidiosamente polarizadoras y sentenciosas y, por tanto, a veces no son tan útiles. Las preguntas pueden ofrecer una nueva perspectiva y ayudar a suavizar las áreas que se han endurecido. Pueden levantar a los cansados y consolar a los solitarios.

Para cultivar el jardín del corazón escuchemos algunas otras preguntas que murmuran bajo la superficie:

¿Quién cree que no es lo suficientemente bueno?
¿Quién conoce la soledad?
¿Quién experimenta ira?

¿Quién siente miedo?
¿A quién le ha costado conseguir un trabajo o ha perdido uno?
¿Quién sufre depresión?
¿Quién desearía que su cuerpo fuera distinto?
¿Quién se siente indigno de ser amado?
¿Quién anhela no estar enfermo?
¿Quién ha perdido a un ser querido?

Tanto si se gritan al mar como si se susurran a una almohada, hay tres palabras que tienen el poder de desencadenar una avalancha: «¿Por qué yo?».

No estás solo.

La honestidad ilumina el jardín del corazón. ¿En qué ciclo estás ahora: emergente, menguante, brillante, tormentoso? ¿Qué malas hierbas quieres eliminar: el miedo, la ansiedad, la vergüenza, la ira? ¿Qué nutrientes tienes disponibles: el amor, la comprensión, el perdón, la paciencia? ¿Qué semillas quieres cultivar: la compasión, la sabiduría, la sanación?

Las preguntas son guías vitales para navegar por territorios turbios. Las preguntas que surgen de constelaciones particulares de preocupación pueden dirigir la atención a las sombras de un paisaje, a lugares familiares rodeados de miedo, enterrados en el dolor o escondidos bajo una manta de vergüenza. La opacidad hace que sea difícil ver con claridad y fácil que nos creamos historias distorsionadas sobre lo que está ocurriendo. Una visión deteriorada favorece que persigamos espejismos, nos aferremos a promesas vacías y quememos los puentes que nos conectan.

Cuando cultivamos el corazón, preguntar: «¿Qué malas hierbas interfieren con el crecimiento?» puede ayudarte a ver con criterio. Quitar la maleza minuciosamente puede prevenir que pensamientos negativos invasivos dominen el jardín, se apropien de forma egoísta de la luz solar y obstruyan la belleza del espacio. Ocuparse de las malas hierbas (las frustraciones, los miedos, la amargura) a medida que aparecen puede impedir que se conviertan en hábitos de disfunción, adicción u odio difíciles de manejar. Aunque algunas temporadas requieren más desbrozado que otras (una enfermedad, la pérdida de un trabajo o de un ser querido...), la maleza nunca deja de crecer. Se necesitan diversos enfoques para retirar las malas hierbas, y las estrategias varían dependiendo del momento. Las malas hierbas jóvenes y tiernas pueden eliminarse con un toque delicado. En cambio, para quitar las que están profundamente arraigadas podría ser necesario emplear una fuerza más intensa. Un jardinero del corazón se vuelve adepto a diagnosticar las necesidades del jardín (qué malas hierbas son invasivas, venenosas o benignas) y responde con una habilidad creciente. Sabe cómo evaluar los nutrientes disponibles y cuándo más abono y agua ayudarían a que floreciera una flor. Un jardinero maduro navega con habilidad por el lodo, se mueve con fluidez por los cambios de estación y trata las afecciones con compasión creativa. Un jardín curativo necesita tanto agua como sol para crecer. Prospera cuando la red interdependiente de apoyo se respeta y protege. La sanación es una cuestión de cultivar el corazón continuamente.

Como si arrancara una pequeña hierba que empezara a germinar, un amigo compartió conmigo cómo hacerse una pregunta a sí mismo lo ayudó a elegir de forma más consciente sus acciones.

> Durante la pandemia de la COVID-19 me aficioné mucho a los pódcast. Normalmente los escuchaba mientras paseaba por el vecindario. Me parece que es la edad de oro de los pódcast y que hay infinitas opciones de mucha calidad: política, cultura, entretenimiento, *dharma*... Sin embargo, después de varios meses percibí cómo crecía un cierto sentimiento en mí, primero sutil, luego más fuerte. Al final dejé que esta sensación brotase en forma de pregunta: «¿Es necesario que escuche siempre pódcast mientras camino?». Me di cuenta de que el corazón me estaba pidiendo que a veces simplemente caminase y estuviese con mi entorno, sin que el flujo de información me llegase a los oídos, al cerebro y a las emociones. Sigo escuchando pódcast bastante a menudo mientras camino, pero me he dado cuenta del alivio que supone conectar y a veces no escuchar otra cosa que no sea el viento y los sonidos del vecindario.

Los avances tecnológicos están afectando al equilibrio de nuestra vida diaria y algunas tecnologías se comportan como especies invasivas que se apoderan del paisaje de nuestra mente. Aunque, como experimentó mi amigo, tenemos fácilmente a nuestro alcance contenido edificante, y para él es una cuestión de cantidad y calidad del tiempo. Sin embargo, las formas de conectarnos tecnológicamente están cada vez más impulsadas por algoritmos diseñados expresamente para limitar nuestras opiniones y exacerbar nuestros miedos. Justifican que nos cuestionemos qué sería mejor podar y reflexionemos sobre qué formas son nutritivas.

Como un reflejo de la energía fértil que irradia de nuestro sol, la sabiduría sobre cómo cultivar el corazón irradia del sol de las actividades sanadoras. Estas actividades son faros a lo largo del camino que arrojan una luz guía para difuminar las sombras que te nublan la visión de plenitud sanadora. Cualquier persona puede involucrarse en estas actividades, independientemente de su experiencia previa. Las actividades curativas abren opciones de respuesta. En ellas hay el suficiente espacio para abrazar simultáneamente el dolor y la paz. Pueden ayudarte a moverte de manera orgánica por emociones angustiosas que tienes profundamente arraigadas en el cuerpo. Pueden liberarte para que vivas y ames a pesar de lo intolerable.

Mientras cuidas el jardín de tu corazón, reflexiona:

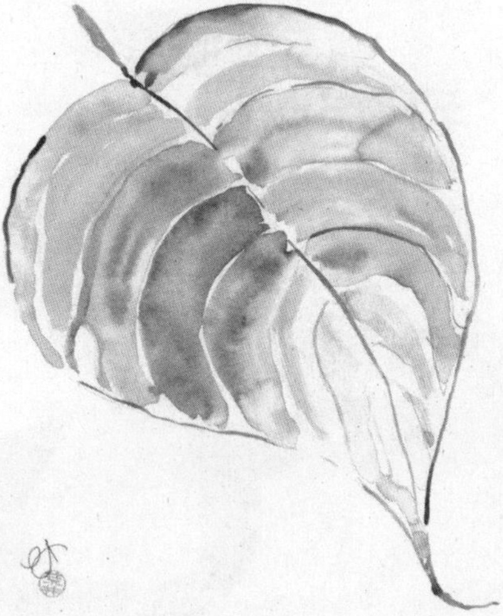

Cálido y radiante refugio,
puerto para la sanación diaria.
La compasión vive aquí.

庵

3 | EL HOGAR COMO REFUGIO

¿Cómo hacer del hogar un refugio?

Cada vez que Honda-san, una mujer de la que me hice amiga durante mi peregrinación, regresa a su apartamento, dice en voz alta: «*Tadaima!*» (¡Ya estoy en casa!). Está poniendo en práctica un saludo familiar japonés muy común, reservado para quienes entran y salen de casa. Pero Honda-san vive sola. Se dirige a las fotos de sus padres en el altar budista improvisado que tiene instalado sobre el buró. El corazón de Honda-san escucha su respuesta: «*Okaerinasai*» (Bienvenida a casa). Sus padres fallecieron hace tres décadas, pero siguen siendo su familia. Ella sigue sintiendo su amor. Honda-san ha convertido un extendido ritual doméstico de bienvenida en un ritual sanador. Con cada saludo de bienvenida al apartamento vacío reafirma que no está sola. Se siente querida.

Al imbuir un hogar de calidez y profundidad, un altar en casa puede inspirar una gran cantidad de actividades sanadoras, desde fomentar conexiones íntimas con uno mismo y con los seres queridos fallecidos hasta implicarse en rituales creativos que transformarán tu experiencia de sufrimiento. Un altar doméstico puede ser una invitación a ampliar la perspectiva y experimentar una profunda gratitud por la extensa red de sabiduría y compasión que sustenta la vida diaria. Un altar ayuda al corazón a florecer, pues estimula el cuerpo, el corazón y la mente con significado y belleza. Las actividades sanadoras, que no operan en tiempo cronológico, funcionan a través de todos los sentidos para cultivar la sabiduría en los huesos.

—

Como lleva haciendo desde hace más de tres décadas, después de terminar de desayunar, Nogawa-san se dirige al altar budista adornado con talismanes y profusamente tallado que ha formado parte de la familia (de su marido) durante generaciones para llevar a cabo su ritual matutino de ofrendas y cánticos. Coloca té en una taza escogida en el altar para el buda y para sus queridos antepasados y luego enciende una vela y una varilla de incienso. La pequeña sala empieza a llenarse del aroma del incienso. Echa un vistazo al pequeño reloj ubicado entre el quemador de incienso y la campana. Al ver la hora, llama a su marido para que saque la basura, porque están a punto de pasar a recogerla. Entonces hace sonar la campana y junta las manos en señal de oración, inclinándose mientras pronuncia los cánticos en voz baja. Hoy se cumplen veinte años desde que decidió adoptar al hijo de su hermana, puesto que su familia ya tenía suficientes hijos. Todo queda en familia. El de hoy es un aniversario privado, una oportunidad para Nogawa-san de expresar gratitud de nuevo por todas las causas y condiciones que se desplegaron para bendecirla con un hijo. Al abrazar a su familia directa se siente arropada por su familia ampliada, tanto por los vivos como por los muertos, y sabe que todos están conectados en una vasta red de interrelaciones. La red es lo suficientemente fuerte para soportar la angustia agonizante y lo suficientemente espaciosa para manifestar una compasión consumada.

Tanto si consideras que tu hogar es tu cuerpo, tu vivienda o el mundo, el hogar es el lugar adonde perteneces. Te nutre. Sentirse seguro, protegido, entendido y cuidado son dimensiones del hogar que lo convierten en un refugio. Protegido en un útero infinito, el hogar es el lugar donde crece el amor. Es un entorno en el que la compasión genera compasión. En el hogar todos somos niños que crecen sanos con una crianza sabia, y todos somos padres que tienen amor que ofrecer a otras personas. El hogar es un espacio donde no hay división entre lo sagrado y lo profano. Todo es sagrado.

En mi peregrinaje me recibieron en muchos hogares en los que puede ver una gran variedad de altares domésticos. Simples u ornamentados, encima de un buró o en una habitación designada, los altares impregnan el espíritu de un hogar. Anclan la casa a conocimientos sabios y prácticas compasivas por medio de conexiones profundas.

Para muchas personas un altar es un conducto hacia una energía poderosa y proporciona al hogar un apoyo protector. Para la mayoría un altar ofrece un espacio para comunicarse espiritualmente con quienes ya no están, pero todavía habitan en su corazón, lo cual fortalece su red de soporte. Fundamentalmente, un altar es un espacio seguro en el que ser vulnerable, afrontar emociones intensas y complejas y experimentar una gratitud cálida y profunda que derrite el miedo y la ira.

Crear un altar es algo muy personal. Un altar que exprese señales estéticas, espirituales y culturales que animen a tu ser te invitará a ser plenamente consciente del momento presente y a relajarte en la aceptación silenciosa y sin juicios de tu ser tal como es. Comunicarte espiritualmente con un altar de este tipo implica cultivar una relación honesta con tu corazón y abrir caminos a tu comunidad (de vivos y muertos), y te conecta con tu entorno más amplio. Cuando un altar es un refugio seguro, te ofrece un espacio donde pasar un duelo o donde aliviar el estrés y te anima a reconocer momentos importantes en la vida: muertes, matrimonios, nacimientos, divorcios, familias que se juntan, mayorías de edad, nidos vacíos, tensiones en el trabajo o en las relaciones, enfermedades crónicas o diagnósticos terminales. Conectar un altar a tierra invocando una fuente de poder inteligente mediante una figura (una deidad, una estatua de Buda, una fotografía de un ser querido ya fallecido, una roca bonita...) resulta de ayuda para muchas personas. Esta figura u objeto proporciona un punto de atención y nos ayuda a sentirnos conectados y vistos.

Muchas personas japonesas consideran a un ser querido que ha fallecido como un buda personal. Después de la muerte, todas las limitaciones de la vida desaparecen, al liberarnos de nuevo al universo de energía. De este modo, las personas queridas que ya no están son reconocidas por los vivos como budas que saben y entienden todo sobre ellos y su situación. Ofrecen sabiduría, que se brinda con compasión y un pozo inagotable de paciencia y escucha incondicional. Los budas personales están en sintonía con el espíritu de los ángeles guardianes o los santos patrones.

A diferencia de un buda importante como Shakyamuni o Amida, un buda personal ofrece una intimidad que muchas veces facilita que nos quejemos, expresemos frustración o nos abramos a llorar. Y, a diferencia de hacerlo frente a un ser querido vivo, no hay necesidad de calibrar si lo que vamos a exponer y expresar es apropiado o no, ni se sucede una maraña inútil de respuestas. Un buda personal lo escucha todo (incluso lo que no se expresa) con compasión. Un buda personal entiende el contexto más amplio de una situación y todos sus intrincados giros. Que te escuchen y comprendan de esta manera puede ser profundamente sanador. A muchos budas personales se les ha suplicado orientación, y la interacción muchas veces ofrece una capacidad más calmada y lúcida para fluir en sincronía con la dinámica en desarrollo. Esta práctica japonesa de apoyarse en los seres queridos fallecidos mientras se está sentado frente a un altar doméstico refleja la sabiduría de que una base amplia de soporte estabiliza el presente. De hecho, el altar en casa puede ser un lugar especialmente confiable en el que recibir amor incondicional.

El lugar en que se ubica un altar en casa puede afectar a la dinámica de interacción. Colocar un altar en una habitación designada especialmente para ello puede tener un poder muy potente que te permitirá sumergirte de inmediato y obtener un alivio de las tensiones competitivas y confusas. También es más propicio para pasar el día sentados tranquilamente. Dependiendo de las circunstancias del hogar, la privacidad puede facilitar «conversaciones» más honestas con uno mismo o con un buda (uno famoso o uno personal), porque puedes relajarte en la vulnerabilidad sin tener que preocuparte sobre los sentimientos o los horarios de los demás. No obstante, tener un altar en un lugar de mucho tráfico también tiene sus beneficios, porque impregna el ritmo de la vida de una especie de sacralidad cotidiana. Si está en una parte del hogar donde la gente se reúne, como un comedor o una sala de estar, invita a la sabiduría a estar presente en el espacio y fomenta las conversaciones sinceras.

Colocar en el altar objetos significativos que involucren profusamente los sentidos es una forma potente de infundir veneración en el hogar y en el corazón. Una ofrenda en forma de vela ilumina el espacio con un brillo cálido. Las ofrendas de incienso hacen flotar el aroma de veneración y gratitud en un hogar. Las ofrendas de comida, cuando se comen posteriormente, nutren el cuerpo con los sabores de la abundancia de la tierra. Las ofrendas de campanas y cánticos impregnan el hogar del sonido de la sabiduría. Una figura espiritual o personalmente significativa en el altar incita al sistema cuerpo-corazón-mente a abordar las preocupaciones más profundas y ampliar la perspectiva. Aquí tampoco hay ningún artículo «correcto» o «incorrecto» que ofrecer. Colocar en el altar artículos que te conmuevan el corazón es lo más importante. Pueden variar según la temporada y la situación y te invitan a ser consciente del presente y a aceptarlo. Hacer una ofrenda también puede avivar tu gratitud, aportando ligereza y alegría tranquila a tu día.

Lo que percibimos a través de los sentidos puede inflamar el deseo e intensificar estados mentales negativos. No obstante, los sentidos también pueden servir como campos de toma de conciencia. Las prácticas estéticamente refinadas destacan por transformar la experiencia sensorial en una oportunidad de aceptar la naturaleza provisional de la realidad fenoménica. En lugar de que el cambio sea motivo de sufrimiento, lo efímero puede ser fuente de belleza. Los sentidos pueden abrir caminos de conexión con la red interconectada de nuestro entorno. En cada canto de pájaro oímos un sermón sobre la belleza de lo temporal. Con cada aroma que entra por una ventana abierta olemos la iluminación. En cada persona a la que saludamos vemos el rostro del amor.

Como ya habrás percibido, lo que estoy describiendo es la posibilidad de un cambio radical en tu relación con tus sensaciones y con tu mundo. Si esto te parece un reto demasiado complicado, te animo a que empieces poco a poco. Explora una sola sensación. Por ejemplo, a partir de los disturbios del verano de 1967 las sirenas sonaban con frecuencia a través de la ventana de mi dormitorio. El ruido no me dejaba dormir. El volumen no era tan inquietante como el agujero en el estómago y el dolor en el corazón que me provocaba pensar que acababan de herir o matar a alguien. Para calmar a mi yo de siete años me centré en que una sirena significaba que alguien se preocupaba lo suficiente como para apresurarse a ayudar a otra persona que lo necesitaba. Al cambiar el significado de lo que oía podía dormirme sintiendo que en el mundo había personas que se preocupaban por los demás. Sintoniza con lo que ocurre a tu alrededor y búscale un sentido que te estimule. Puede ser amable y atractivo o inquietante, como ocurría en mi caso. Al abordarlo como una vía para profundizar en la conexión, ten en cuenta que ese sentido es un portal hacia posibilidades.

Movernos de un modo particular activará ciertas cualidades del ser, ya que tanto el cuerpo como la mente experimentarán el movimiento. Cuanto más se involucren activamente el cuerpo y la mente con los objetivos de una actividad, más conmovedor será el impacto. Sin embargo, la mera imitación de las acciones de otra persona tiene una capacidad limitada para llevar a cabo el trabajo transformador que es posible con una actividad ritualizada. La actividad ritualizada implica una conciencia sensorial intencionada y codificar conscientemente nuestros movimientos, palabras y gestos con significado. Tú decides el significado que dirige tu preocupación. Añadir actividades ritualizadas a tu vida es un proceso de experimentación, creatividad y adaptación que siempre está en desarrollo.

Por tanto, la transmisión de acciones ritualizadas implica una personalización. Los rituales deben adaptarse al cuerpo de quienes los llevan a cabo, ya que es fundamental una sensación de intimidad con los elementos estéticos del ritual para despertar una participación holística. Para alcanzar los intersticios del ser donde tiene lugar la transformación, el ritmo de los sonidos y los movimientos, la cadencia de la voz y la armonía de los aromas, las imágenes y los colores deben ayudar a que te sientas como en casa. La fuerza de un ritual eficaz puede relajar serenamente a una persona hasta un espacio seguro donde pueda afrontar las vulnerabilidades. Entonces tu maleabilidad te permitirá avanzar en la dirección de la intención codificada del ritual para dejar de sufrir y fluir con una compasión alimentada por la sabiduría.

Si quieres estimular tus sentidos con una figura en tu altar, es importante que elijas una que te conmueva. También es importante, si tienes la opción, escoger una campana cuyo sonido te resulte cálido y relajante. Si quemas incienso, elige también un aroma que te invite a un enfoque abierto. Igual que ocurre con los amigos, son las cualidades específicas las que resultan atractivas. En mi altar tengo una figura de Kannon, que es la encarnación budista de la compasión. La escogí por diversas razones. La principal es que Kenji, mi hijo, que entonces era preadolescente, la quería. El valor del dinero palidecía en comparación con el valor de embarcarse en la aventura de ser madre soltera de un hijo adolescente que quedó conmovido por esta diosa Kannon exquisitamente tallada. Sus mil brazos, que representan una actividad ilimitada, se insinuaban de manera eficaz por las elaboradas herramientas que empuñaba en los brazos, demasiadas para contarlas rápidamente. Es una inspiración creativa sobre cómo encargarse de miles de cosas con compasión. Las herramientas de la compasión pueden ser bastante pragmáticas y funcionales. Tal vez mi hijo se sintió atraído por esta Kannon en particular porque hacía poco que habíamos ido a un templo en nuestro peregrinaje por Japón que destacaba al buda o *bodhisattva* del que se proclamaba que protegía a cada uno de los signos del horóscopo japonés. Ambos somos ratón, y la diosa Kannon de mil brazos es nuestra figura protectora designada. Nuestra preciosa Kannon, de hecho, ha estado ahí para nosotros.

Uno de los momentos más conmovedores relacionados con mi altar doméstico ocurrió una tarde, aproximadamente un mes después del fallecimiento de mi madre. El altar se había convertido en mi refugio. A veces simplemente me sentaba delante de él y hacía sonar la campana, absorbiendo la enseñanza zen de que uno está completamente iluminado después de la muerte. A veces incluso encender una vela e incienso era demasiado para mí, por no hablar de conseguir cantar una ronda del Sutra del corazón, un pasaje central para muchos rituales zen. Mi perro solía venir a tumbarse cerca de mí. El ritmo de vida de nuestra familia (yo, un bebé y un golden retriever) estaba coloreado por los tintes del dolor, pero yo me esforzaba en ser más feliz por mi bebé. ¿Qué podría saber él sobre la muerte y la pérdida de una madre?

Kenji, de nueve meses, acababa de dominar el arte de gatear hacia delante. Él estaba durmiendo mientras yo preparaba la comida en la cocina. Nuestro altar estaba en un extremo del comedor, situado a unos veinte metros de donde el bebé descansaba sobre la manta de color verde pastel que mi madre le había tejido. Entonces, de repente, ¡oí como sonaba la campana del altar! No había nadie más en casa. ¿Podría ser que la pelota de tenis del perro hubiese rebotado y hubiese golpeado la campana? Entré al comedor, rodeé la mesa y vi que Kenji se las había arreglado para gatear por un pasillo muy largo con su bodi azul claro. Había levantado el brazo, había agarrado el pequeño palo de madera cubierto de brocado púrpura y ¡lo estaba golpeando contra la campana! En ese momento nuestra familia volvió a estar completa.

Literalmente, un bebé me enseñó que la muerte no es una barrera para el amor. El altar se convirtió en un miembro activo de nuestra familia. Íbamos hasta allí y le contábamos a la abuela (y luego, con el tiempo, también al abuelo) lo más destacado de nuestro día: «¡Kenji ha dado su primer paso en su primer cumpleaños! ¡Hoy es el Día de los Inocentes! No, en serio» (esto es una broma privada de cuando Kenji nació cinco semanas antes de lo previsto.

Era 1 de abril.[1] Cuando llamé a mi madre para decirle que estaba a punto de dar a luz ¡ella pensó seriamente que era una broma!), «Nos vamos un año a vivir a Japón», «Se ha publicado *Women Living Zen*», «Kenji eligió cantar el Sutra del corazón para celebrar su cuarto cumpleaños en preescolar, junto con un tambor de madera *mokugyō* y una campana, él solo», «Se ha publicado *Bringing Zen Home*», «Kenji se va al Reed College», «Se ha publicado *Painting Enlightenment*». La letanía continúa.

Uno de los altares domésticos más sanadores que me encontré durante mi peregrinaje lo había creado una mujer japonesa que construyó uno para su familia de origen. De acuerdo con la tradición, cuida de forma impecable el ornamentado altar en la sala formal de la casa donde solo se honran los antepasados de su marido. Había colocado las fotografías de sus familiares fallecidos en un estante de una pequeña habitación con una librería, a la que entra sola y en silencio para ofrecerles flores e incienso. Mientras se inclina hacia las fotografías de su familia en este altar improvisado, hace sonar una pequeña campana. Allí puede mostrar sus sentimientos sin preocuparse por que alguien pueda ofenderse. Se ocupa de casi todas las tareas domésticas, además de trabajar duro para sustentar a su familia. A lo largo de los años ha vivido muchas

1. El Día de los Santos Inocentes, conocido en Estados Unidos como April Fool's Day, se celebra allí el 1 de abril. *(N. de la E.)*

tragedias y desafíos. La actividad sanadora que ha creado refleja de forma brillante su conocimiento del poder de modificar un ritual para satisfacer una necesidad personal. En una cultura que valora mucho la limpieza, su ritual es no quitar el polvo de su altar, porque sabe que sus budas personales entienden que no puede hacerlo todo. Se siente querida por el hecho de no quitar el polvo del altar.

Cálido y radiante refugio,
puerto para la sanación diaria.
La compasión vive aquí.

養

4 | COCINAR

¿Cómo puedo cocinar como un acto de compasión conmigo misma, mis seres queridos y el planeta?

Un día, cuando vivía en el convento zen, las monjas celebraron una gran ceremonia para los laicos. Fue un evento de día completo que incluía la comida. Los preparativos comenzaron el día anterior. La parte más laboriosa del acontecimiento fue una comida tradicional japonesa vegetariana completa servida en bandejas individuales y seis platos distintos, cada uno cuidadosamente preparado. En la cocina zen la cantidad de cada ingrediente se calcula para que no sobre ni falte. A las diez de aquella mañana se hizo el recuento del número de invitados que se quedaban a comer y se pusieron en marcha los últimos preparativos. Se iba a servir comida para ciento cuarenta y cinco invitados exactamente al mediodía. A las 11.30 alguien entró y anunció que había quince invitados más para la comida.

Los siguientes treinta minutos en la cocina fueron una excelente muestra de los distintos niveles de disciplina en las relaciones humanas. Las monjas más nuevas comenzaron a murmurar en voz baja: «¿Por qué nadie nos lo ha dicho antes?», «Esto es imposible», «No podemos preparar quince comidas más con el tiempo que tenemos», «¿Quién dijo que solo serían ciento cuarenta y cinco invitados?». Las monjas que llevaban dos o tres años de formación empezaron a moverse rápidamente, ladrando órdenes de lo que había que hacer intercaladas con sonidos inarticulados de frustración, como diciendo: «¡No es culpa mía!». La cocinera principal, que era la mayor de las monjas en formación, estaba terminando su quinto año en el monasterio. Al oír la noticia se detuvo durante cerca de un minuto y, en silencio, empezó a hacer varios cálculos mentalmente. Luego rápidamente metió la mano en un recipiente, sacó cinco zanahorias más y le pidió educadamente a una novicia que las cortase en bastones finos en diagonal. Le pidió a otra novicia si, por favor, podría poner una olla mediana con agua a hervir. Mientras les decía a algunas otras novicias que sacasen quince más de cada uno de los distintos tipos de platos, examinaba las bandejas ya terminadas. Aunque se hacen esfuerzos para que todas las porciones sean iguales, una pequeña variación es inevitable. Localizó los platos que tenían comida de sobra y les indicó a otras novicias que sacaran ese excedente de ellos. De este modo, trabajó tranquilamente hasta que al mediodía se sirvió la comida a los ciento sesenta invitados. Nunca culpó a nadie, ni mostró ningún signo de tensión o malestar. Aceptó las condiciones que tenían en ese momento, sopesó los detalles necesarios y se movió rápidamente por la cocina, hablando educadamente y desprendiendo delicadeza.

El suelo, la luz solar, el agua, los insectos..., infinidad de causas y condiciones dan origen incluso a un simple grano de arroz. Percibir esto hace que nuestras conexiones con las condiciones cósmicas sean palpables, incluidas las explosiones estelares que hace mucho tiempo generaron los minerales de nuestra comida. Nuestra apropiada distancia del sol permite temperaturas habitables (al menos por ahora), y la gravedad nos mantiene anclados a la tierra. Recordar de manera consciente estas verdades potencia la experiencia aromática y gustativa de cocinar y comer.

Cuando cocinas y comes estableces conexiones directas con todas las manos que han manipulado los ingredientes: agricultores migrantes, cajeros de supermercados, trabajadores del servicio de transporte. Mándales tu gratitud con mucho cariño a todos ellos mientras cocinas. Crea espectáculos de belleza nutritiva con los colores y la disposición de la comida. Saborea las texturas de los pepinos crujientes y jugosos y los aguacates suaves y cremosos. Disfruta del olor del ajo salteado, el sonido de las cebollas chisporroteando, la visión de las berenjenas moradas y los tomates rojos y el festival de sabores que ofrecen. Cada bocado de alimento surge tras absorber todas las causas y condiciones que nutrieron su crecimiento. Todos los alimentos integrales son expresiones cósmicas del amor.

Dado que las experiencias somáticas de compasión se impregnan de los actos de cocinar y comer, las grandes celebraciones familiares son oportunidades excelentes para practicar la sanación. Aunque se idealizan como eventos rebosantes de amor y felicidad, no es extraño que tal expectativa genere una disonancia cognitiva e intensifique cualquier emoción tensa que se esté cociendo a fuego lento bajo la superficie. Expandir tu propia perspectiva puede ayudarte a navegar por los complejos campos de las distintas perspectivas. Experimentar tu interrelación puede facilitar la aceptación de causas pasadas y de circunstancias actuales. Organizar actividades ritualizadas, como ofrecer oraciones o brindis y jugar a juegos de mesa, puede ser una oportunidad para expresar gratitud y disfrutar del tiempo juntos.

Aunque muy pocos de nosotros podemos recrear la enérgica solemnidad y la belleza ritualizada de la cocina de un monasterio zen en casa, todos podemos aceptar la invitación de abordar la cocina y el acto de comer como un camino de ritual y bienestar. Algo tan simple como hacer una respiración profunda antes de cortar una verdura, recitar una oración antes de empezar a comer o saborear la alegría empática que uno siente al compartir comida con seres queridos puede convertirse en una práctica que nos nutra profundamente.

Al vivir en un convento zen, me había acostumbrado a estar en una comunidad de mujeres. Una mañana, justo después de terminar de desayunar, nos sobresaltamos al oír la voz de un hombre gritar a lo lejos. Nos hizo salir a todas al fresco aire otoñal. Había un camión grande parado en medio del complejo lleno de rábanos *daikon* blancos gigantes (de un promedio de cuarenta y cinco centímetros de largo y doce centímetros de diámetro). Un agricultor del otro lado del país se encargaba del camión, y había conducido toda la noche para entregar los rábanos a las monjas. La emoción llenó el aire a medida que a las catorce mujeres nos invadían cálidas imágenes de la agradable aldea agrícola mientras transportábamos los pesados ciento ochenta rábanos gigantes, de cinco en cinco, hasta la despensa. En medio de la profusa gratitud que fluía de nuestras risas mientras tomábamos el té con el agricultor, nadie pareció fijarse en la expresión seria de la cocinera. Trabajaba en silencio calculando la forma más respetuosa de tratar cada uno de aquellos tubérculos regordetes, mientras se daba cuenta de que la magnitud de la generosidad del agricultor iba a desafiar su capacidad de darles a todos esos cuerpos de Buda en forma de rábanos el respeto que merecían. Para el resto de las monjas la actitud natural y la modestia del agricultor ante una donación tan importante hizo que los rábanos supieran más dulces. Hasta que nuestro agradecimiento se puso a prueba después de semanas de comer rábanos blancos de todas las formas concebibles (e inconcebibles): hervidos, picados, salteados, en rodajas, fritos y servidos en salsas y en combinaciones que iban desde lo simple hasta lo exótico. La cocinera empezó a pedir ideas cuando sus jugos creativos se secaron. Todas sabíamos que teníamos que aceptar cada comida con agradecimiento y valorar los esfuerzos de la cocinera. Sin embargo, el consenso fue que habíamos demostrado que Buda estaba demasiado lleno de rábanos, pero nunca demasiado lleno de gratitud por la generosidad de una comunidad agrícola.

Durante mi peregrinación tuve la oportunidad de alojarme en el templo rural de Aoyama Roshi, la monja más respetada y de mayor rango de Japón. Una de mis mañanas allí, mi función era ayudar con el desayuno. Prácticamente todas las actividades del templo están coreografiadas con mucha precisión. El número de minutos para cada tarea se cronometra de manera que pueda completarse manteniendo un ritmo rápido de movimiento. Hay poco margen para cambiar el programa una vez iniciado.

Esa mañana, Aoyama Roshi recibió una llamada inesperada y tuvo que ausentarse cuarenta y cinco minutos antes de lo planeado. Iba a tener un día implacable, como de costumbre, y no podíamos dejarla marchar sin desayunar. Las comidas son una actividad comunal, de modo que debía prepararse el desayuno para todo el mundo en cuarenta y cinco minutos menos de lo habitual. Dado que Aoyama Roshi suele estar ocupada con muchas actividades, muy a su pesar, rara vez tiene tiempo para trabajar en la cocina. Esa mañana, no obstante, se sintió muy agradecida de que todo el mundo cooperara sin problemas para ajustar la corriente y adaptarse al cambio. Para expresar su agradecimiento pasó por la cocina, cogió dos manzanas y un cuchillo, preparó un plato y peló las manzanas. Sus manos eran un frenesí de movimiento. En cuestión de segundos me entregó el plato, disculpándose de nuevo por el cambio en el programa. Me pidió que lo llevase al comedor. Impresionada por lo rápido que era capaz de cortar y pelar las manzanas, cogí el plato con rodajas de manzana que ella había dispuesto en una elegante espiral. Mientras caminaba hacia la mesa me sorprendió ver una fina línea de cáscara roja perfectamente recta y continua en medio de cada una de las dieciséis rodajas de manzana. El refinado sistema cuerpo-corazón-mente de Aoyama Roshi nunca está demasiado ocupado para crear belleza.

Otra experiencia durante mi peregrinación que expandió mi entendimiento de la sanación implicó comer escrituras. Yo estaba entre los pocos invitados que tuvieron el honor de observar la intimidad de un ritual que se remonta mil doscientos años atrás. El templo en el que se lleva a cabo el elaborado ritual, que dura varios días, se encuentra junto al buda gigante del templo Todaiji, que impregna la antigua capital japonesa, Nara, de una sabiduría potente y firme. Dentro del templo, el cántico profundo de los monjes hizo que me vibrasen los huesos mientras lo escuchaba durante toda la noche. Era la última noche de dos semanas de cánticos, ofrendas de incienso y ayuno.

Uno de los ejes centrales del complejo ritual es un grabado en una plancha de madera de un mandala de sílabas esotéricas atribuido al maestro budista Kūkai, del siglo IX. El agua consagrada durante el ritual se utiliza para hacer la tinta para calcos de madera creados sobre papel fibroso. La devota que me consiguió el permiso para observar el ritual también me dio uno de esos preciosos y únicos calcos. Me dijo que durante los siete días siguientes debía arrancar una de las sílabas del mandala y comérmela mientras centraba mi corazón en la sabiduría y la compasión. Luego debía cantar el *Sutra del corazón*. Este ritual de ingesta de escrituras era la orientación que ella ofrecía como respuesta a que yo le confiase mis preocupaciones, miedos y angustias. Me dijo que las sílabas impregnadas de poder me ayudarían a ver un camino sabio y compasivo. Ciertamente empecé a experimentar una mayor claridad con el paso de los días, lo cual amplificó mi percepción de su calidez y amabilidad. Mi lengua todavía recuerda el papel con sabor a incienso que me enseñó el poder del ritual para grabar sabiduría en el cuerpo.

Mi maestra zen, Kitō Sensei, me llevó a una peregrinación de un día para ayudarme a ganar fuerza después de haber estado hospitalizada con neumonía. Cuando llegamos a un templo conocido por su manantial de agua curativa, colocamos dinero, agradecidas, en la caja de ofrendas, nos inclinamos ante Kannon en el altar, hicimos ofrendas de incienso y cantamos el *Sutra del corazón*. En el templo se proporcionaba papel para que la gente escribiese una oración y la dejase en el altar, cosa que hicimos. Luego salimos a la fuente de agua sagrada de Kannon y nos unimos al resto de los peregrinos que llenaban botellas para llevarse a casa. Estos lugares sagrados se encuentran por todo Japón. Las preciadas gotitas se añaden a tés y sopas para que los seres queridos absorban la compasión que mana de la tierra.

—

Michael Schauch, un magnánimo y emprendedor alpinista canadiense, esperaba poder escalar una torre piramidal de hielo y nieve especialmente misteriosa en el Himalaya. Sin embargo, sus esperanzas se vieron frustradas por las traicioneras condiciones climáticas. Los acontecimientos fortuitos que ocurrieron después lo condujeron a un viaje aún más misterioso y transformador. Tal como explica en su libro *A Story of Karma: Finding Love and Truth in the Lost Valley of the Himalaya*, Mike y su mujer, Chantal, descubrieron que su vida empezó a entretejerse con la de una familia en un valle en lo alto de las montañas del norte de Nepal. Los vínculos de confianza se profundizaron tras varias visitas. El afecto fluyó libremente. Al final Mike, Chantal y la familia exploraron oportunidades educativas que podrían ser valiosas para sus hijas Karma y Pemba. Siempre preocupados por que las niñas se mantuviesen arraigadas a su cultura, decidieron que educarlas en Katmandú, la capital de Nepal, sería beneficioso para ellas. Mike y Chantal estuvieron encantados de ofrecer lo que pudiesen, siendo conscientes de que la abundancia y el amor que habían recibido de aquella familia superaban con creces su apoyo financiero. Con el tiempo todos decidieron que merecería la pena que las niñas pasasen un año de su educación en Canadá con Mike y Chantal.

Karma y Pemba viajaron desde su internado en el valle de Katmandú hasta su nuevo hogar en las montañas a las afueras de Vancouver.

Una noche, después del trabajo, Mike estaba preparando la cena con ingredientes comprados en una tienda local. Empezó a cortar verduras ágilmente para cocinarlas en ollas de acero inoxidable sobre una placa de inducción. Pemba, de once años, se acercó a la pulida encimera y preguntó si podía ayudar. Como cocinar una cena él solo era una tarea rápida y habitual, la animó a que, en cambio, disfrutase dedicando su tiempo a un proyecto creativo o centrándose en algún interés personal. Sus ojos se llenaron de una tristeza desgarradora mientras preguntaba: «¿Por qué no quieres que cocine contigo?». Mike reflexionó sobre las diferencias entre la vida a las afueras de Vancouver y en la aldea de Nar, en el Himalaya, y su mente lo transportó de nuevo a las comidas que había compartido allí con la familia de Pemba.

Todo el mundo se sienta en el suelo de madera, alrededor de la estufa de leña y estiércol situada en el centro de la casa de una sola habitación. Con las rodillas tocándose, preparan la cena juntos. Aunque se filtra algo de sol a través de la única ventana de la casa, es el brillo en la cara de las personas alrededor de la estufa lo que impregna de luz el espacio. Todas las actividades de interior ocurren aquí: cocinar, comer, hablar, cambiar pañales y dormir. La preparación de la comida empieza al cultivar el ajo, los chiles y la cebada, criar a los yaks, reunir la madera y el estiércol necesarios para el fuego e ir a buscar agua a uno de los tres grifos que el pueblo comparte. La familia funciona como una unidad orgánica y cada persona trabaja para el bienestar del conjunto. Los niños contribuyen tan pronto como pueden andar y sostener cosas.

Al mirar a Pemba a los ojos, de repente Mike pudo ver más profundamente en su corazón. A partir de entonces Pemba se unió a Mike en la cocina. Acompañados por la música que ella elegía, compartían cómo había ido su día mientras cortaban verduras. Incluso el vocabulario de tibetano y nepalí de Mike mejoró durante la preparación de las comidas. Cuando Pemba cocinaba platos tradicionales lo hacía a la manera tradicional: en el suelo.

Cocinar juntos crea familia.

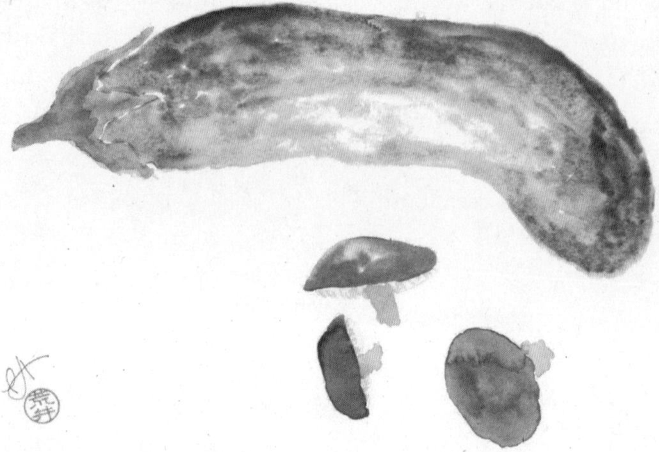

Los corazones hambrientos se reúnen.
Se deleitan con el sol, la lluvia y la tierra.
La sabiduría de la berenjena lo llena todo.

清

5 | LIMPIAR

¿Cómo puedo limpiar de manera que conecte de forma más íntima conmigo misma, mis seres queridos y mi entorno?

Durante mi peregrinación me conmovió el potencial sanador de infundir significado e importancia moral a las acciones y los quehaceres diarios. Muchas personas a lo largo de mi camino me dijeron, por ejemplo, que tender la colada en el exterior para que se seque ofrece diversas oportunidades para participar en actividades sanadoras. Una mujer me explicó una historia parecida que implicaba a un visitante inesperado. Tan pronto como la colada estuvo lista, una mariposa revoloteó y se posó sobre una prenda. La conmovió profundamente la ligereza y la alegría con la que parecía vivir en la tierra. Entonces se le ocurrió que batir esas grandes alas debía requerir un esfuerzo tremendo y que la de la mariposa debía de ser una vida difícil. Reflexionó sobre cómo veía las cosas desde el punto de vista humano y sobre que no tenía ni idea de cómo era la vida de la mariposa. Aquello fue una lección de humildad, y se comprometió a ser más respetuosa con las perspectivas de los demás.

La mayoría de las personas que vivimos en países ricos del mundo moderno y globalizado nos hemos acostumbrado a las formas mecanizadas de mantener nuestros hogares, y la secadora es un excelente ejemplo de ello. No hay duda de que es muy práctica, pero a veces es necesario preguntarse qué se pierde ante esa comodidad tan generalizada. No tener secadora no solo es mejor para el planeta, sino que también nos mantiene más cerca del entorno. Especialmente en las temporadas de lluvias, el momento en el que hacer la colada puede ser una experiencia inmediata de aceptar las causas y las condiciones, puesto que se vincula directamente con factores que se escapan de nuestro control. Ampliar la perspectiva al hacer la colada implica tener en cuenta cosas más allá de las necesidades y la programación personales. Implica estar en sintonía con la cantidad de sol, la velocidad del viento y los niveles de humedad, lo cual hace palpable la experiencia de interrelación. Cuando la colada se acumula después de varios días seguidos de lluvia, tenderla un día soleado puede impregnarte de una gratitud muy gozosa; tú también te sentirás renovado y serás muy consciente de la brisa que sopla. Toca el algodón que emergió de la tierra, se nutrió con la lluvia y creció bajo el mismo sol que ahora lo seca. Una multitud de manos recolectaron, tejieron, cosieron y transportaron esas fibras vegetales hasta tus manos. Apreciar esta realidad puede llegar a ser una meditación táctil que invita al agradecimiento por la red de apoyo conectora de nuestras vidas.

Las monjas zen japonesas pasan la mayor parte de su tiempo (aparte del sueño y la meditación) dedicadas a las labores manuales. Es una vida de limpiar suelos duros y cojines suaves. Aprendí muchas lecciones profundas de esas monjas, porque para llevar a cabo esas tareas tan básicas beben de fuentes fértiles de sabiduría sanadora.

El tiempo que pasé en un convento zen aprendiendo los ritmos de sus costumbres requirió una atención vigilante hacia los movimientos de mi cuerpo y mi mente y cómo afectaban a mi entorno. Una tarea particularmente instructiva implicaba la práctica tradicional japonesa de confiar en el poder de la luz solar para ayudarnos a desinfectar los artículos blandos que se colocan regularmente al sol. Las instrucciones para poner al sol los cojines de meditación *(zafu)* eran fáciles de recordar: «Coge todos los cojines de meditación y colócalos sobre la lona del jardín delantero». En mi afán por ser eficiente, apilé cinco cojines y los saqué de la sala de meditación. Me puse las pantuflas, fui hacia la puerta delantera y saqué los pies de las pantuflas mientras bajaba un nivel y me ponía las sandalias para el exterior, teniendo cuidado en todo momento de que los cojines se mantuviesen en equilibrio. Llegué a la lona con los cojines y me quité las sandalias antes de pisarla. Sin embargo, cuando me agaché para empezar a colocar los cojines en fila uno se cayó de la pila y estuvo a punto de tocar el suelo.

Instintivamente, usé el pie descalzo para evitar la caída y empujarlo para que cayera en la lona en lugar de en el suelo. Un «¡ay!» agudo, emitido por la monja que estaba supervisando la puesta al sol de los cojines, cortó el aire bañado por el sol. Me sentí confundida. Pensé que evitar que el cojín aterrizara en la tierra bien merecía el riesgo de salvarlo con el pie limpio. ¿Cómo podría haberlo hecho mejor? Además, ¿por qué era tan importante? La expresión en mi rostro revelaba que estaba más perturbada que perpleja. La monja supervisora me lo explicó claramente: «El cojín es un buda, así que trátalo con respeto». Tuve que descifrar el resto por mí misma. Me di cuenta de que solo debía llevar cuatro cojines a la vez, porque ese era el número máximo que podía mantener en equilibrio mientras me agachaba. Aprendí que el hábito de respetar todo como un bien preciado requiere pulir el corazón. La prioridad fundamental es ser conscientemente cuidadoso en la forma en que tratas a otros, ya sea una persona, un cuenco preciado o un trapo hecho jirones.

El tiempo que viví en el convento me ocupaba de limpiar los suelos de madera de la segunda planta todas las mañanas. Aprendí a escurrir los trapos con mucha fuerza, de modo que no goteasen en el suelo sin que me diese cuenta. Después de unas cuantas reprimendas también aprendí a rastrear el suelo con los ojos para ver si había caído alguna gota accidentalmente y, si era así, limpiarla antes de terminar. Aprendí dónde colocar exactamente las manos en el trapo para maximizar la capacidad de este para limpiar el suelo, y a mantener el equilibrio mientras corría por el suelo en la postura del perro boca abajo, haciendo una pirámide con el cuerpo.

Había un pequeño extintor en un rincón apartado que tuve que retirar para llegar al suelo que había debajo y detrás de él. Me pregunté por qué era necesario limpiarlo cada día. Decidí que el hecho de que un centímetro cuadrado de suelo no estuviese perfectamente limpio no hacía daño a nadie. También descubrí que nadie se daría cuenta, de todas formas, de modo que solo fregaba detrás del extintor un día sí y otro no. Puse en marcha mi rebelión personal debido a la incomodidad por las condiciones de calor y humedad. El sudor nos bajaba por la cara incluso estando quietas y sentadas. Fregar los suelos de manera enérgica me dejaba empapada. A pesar de ello, las reglas monásticas tradicionales dictaban que solo podías bañarte seis días al mes, en las fechas que tenían un 4 o un 9. Después de casi dos meses de estar vigilante porque los suelos tenían que limpiarse cada día, me quedé muy sorprendida cuando una monja me dijo que tenía que limpiar el polvo que había detrás del extintor todos los días, no solo de vez en cuando.

Puede que tal exhaustividad te parezca obsesiva o simplemente extraña, pero el hecho de que esté compartiendo esta historia de 1989 refleja el impacto duradero que tuvo en mí. Mi resistencia a limpiar el polvo de detrás del extintor tenía poco o nada que ver con el polvo: más bien revelaba mi resistencia a las causas y condiciones complejas que me habían llevado a aquel convento. La intervención de la monja en mi relación con ese centímetro cuadrado de suelo iluminó mi gratitud deslucida por una oportunidad única de llevar a cabo una investigación fascinante que me estaba ayudando a aprender a encarnar la compasión y ampliar mi punto de vista. También me ayudó a ver que mi sistema cuerpo-corazón-mente estaba tan desequilibrado que las incomodidades que estaba sufriendo en el cuerpo (calor, humedad, dolor por sentarme al estilo formal japonés; me salieron callos en los empeines de sentarme con las espinillas sobre el suelo duro de madera durante periodos de tiempo largos) distorsionaban todo lo que percibía. Había estrechado tanto mi visión que solo podía ver cosas que no me gustaban. Una monja se había preocupado lo suficiente por mí como para prestar atención a mis labores de limpieza. Me ayudó a ver que reflejaba un descontento personal cuando limpiaba. La enseñanza en el contexto zen japonés se lleva a cabo mediante una observación aguda de la actividad corporal, puesto que expresa la actividad del corazón.

He terminado apreciando cómo limpiar con trapos puede ser una actividad curativa que se integra fácilmente en la vida diaria. Los trapos son un ejemplo de estar en el momento presente. No se desvían del aquí y ahora. Aceptan su función sin cuestionamientos ni reservas. Los trapos demuestran una mente magnánima en la forma en que se sumergen de todo corazón en cubos sucios y absorben la suciedad pegajosa. Nunca se resisten a tocar las cosas «más sucias». Trabajan al máximo de su capacidad, sin importar cuánto tiempo estén restregando suelos, limpiando mesas o quitando el polvo de superficies. El ser humano que hace uso de los trapos probablemente se cansará antes que estos. Incluso si los trapos tienen agujeros, siguen haciendo todo lo que pueden. Todos los trapos parecen haber dominado el arte de ser ellos mismos. Rezuman ecuanimidad mientras limpian. Los trapos son una manifestación de la mente protectora, pues todo lo que tocan es un acto de cuidado. Al tratar los trapos de limpiar conscientemente, tal como me enseñaron a hacer en el convento, empecé a sentir una intimidad con los trapos que escurría todas las mañanas y tardes mientras viví allí.

La sala de correo de la Harvard Divinity School (HDS) está en el sótano, bajo la escalera. Mientras estudiaba en la escuela de posgrado de la HDS no era la única estudiante que bajaba con decisión las escaleras desgastadas con la intención de localizar un paquete perdido o recoger una entrega urgente muy esperada. Nosotros, los buscadores de correo, queríamos entrar rápida y eficazmente, coger nuestro correo y marcharnos. Lo que ocurría siempre era que el montón desordenado de artículos en el cuarto trasero sin ventanas no revelaba fácilmente el artículo que buscábamos. El encargado de la sala de correo, un hombre negro del sur profundo, se mostraba absolutamente imperturbable ante nuestras impacientes demandas, que apestaban a prepotencia. No nos importaban las exigencias que él recibía. Solo era el medio para conseguir nuestro correo. Aun así, nos trataba con calidez y respeto y mantenía una compostura digna.

Parecía ver más allá del hecho de que habíamos olvidado cómo ser seres completos en medio de nuestros esfuerzos por ser eficientes y ponernos con nuestro trabajo «más serio». Era una fuerza de alegría e irradiaba una comprensión paciente, asegurándonos siempre que todo iba a ir bien. En ese momento nosotros, los estudiantes de posgrado, interpretábamos su respuesta sonriente como una muestra de que no entendía la seriedad de la situación. Y, sin embargo, cualquier persona que hubiese disfrutado de su presencia en algún momento, incluso si se iba con las manos vacías, salía de allí sin falta con una sonrisa en la cara, el paso alegre y el corazón cálido. Estaba conectado con un mundo más profundo de cuidado, de ser humano. Era como si fuese un *bodhisattva* o un ángel que trabajaba en aquella tensa sala de correo como ejemplo de cómo ser humano y mantener la bondad amorosa y la alegría, sin importar las circunstancias. Su habilidad era generar las condiciones necesarias para que el alumnado, desproporcionadamente blanco, fuese a hablar con él, para ayudarnos a curarnos de nuestras tensiones autoimpuestas y deshumanizadoras. Aunque la sala de correo en la que trabajaba estaba muy alejada de los entornos monásticos japoneses que destaco en este libro, aprendí lo mismo de este amable hombre sobre la forma en que puede ocurrir la sanación en las interacciones diarias.

El maestro zen Dōgen (1200-1253) es el fundador reconocido de la escuela zen Sōtō en Japón, la facción en la que he completado mi formación zen. Sus enseñanzas ofrecen inspiración para abordar la limpieza de forma que resulte sanadora: cuando te ocupes de las cosas mira con los ojos del corazón, aunque a veces eso signifique mirar más allá de la superficie. Cuando estés limpiando el suelo del cuarto de baño no sientas descontento. Incluso si estás quitando el polvo a obras de arte preciosas, no adoptes una actitud de deleitarte en la opulencia. Cuando encuentres manchas difíciles no seas descuidado. Cuando limpies superficies de madera lisas sé aún más esmerado. Nunca alteres tu estado mental en función de los objetos que estás limpiando.

Volvamos al ejemplo de los trapos mientras nos adentramos en las enseñanzas de Dōgen sobre este estado mental, que a veces se traduce como «compromiso dinámico total». Cuando limpio con un trapo, lo mojo con agua, lo escurro, lo doblo, y limpio mesas y suelos con él. Muevo el trapo y, al mismo tiempo, el trapo me está moviendo. No hay un «yo» más allá del trapo. A través de mi limpieza con el trapo, este trapo se convierte en trapo. En este momento preciso no existe nada más en el mundo que el trapo: el cubo, el agua y el suelo se han convertido en el momento de limpiar con el trapo, lo cual es completamente distinto a los momentos de no limpiar con un trapo. La vida es lo que hago con ella, y yo soy lo que la vida está haciendo conmigo.

La limpieza requiere prestar más atención a las cosas que nos rodean y poner en primer plano las conexiones mediante el tacto y el tiempo. Cada cosa que tocamos puede ser una meditación sobre la interdependencia. Sospecho que la pandemia de la COVID-19 ha dejado la interdependencia mucho más clara para muchos de nosotros. Los contagios han convertido los puntos de contacto (pomos de puertas, manijas de grifos y nuestra propia cara) en actividades de alto riesgo. ¿Quién ha estado aquí antes que yo? ¿Quién vendrá después? ¿La última cosa que he tocado es una posible fuente de enfermedad? ¿Quién la tocará después? Limpiar es una forma concreta de expresar compasión, puesto que minimiza el riesgo para quienes nos rodean. En otras palabras, para protegernos de un virus debemos proteger nuestra compasión. Cada día, especialmente durante una pandemia, brinda oportunidades constantes de contemplar la complejidad de las conexiones con desconocidos y seres queridos y dotar a la limpieza del peso moral de una vida compasiva.

No necesitamos una pandemia ni ninguna otra condición especial para practicar la limpieza con esta clase de intencionalidad. Limpiar es una actividad inherentemente integradora del sistema cuerpo-corazón-mente, por lo que tiene muchas posibilidades curativas. Ningún desastre de mugre se limpiará solo con pura fuerza mental (¡ojalá!). Debes mover el cuerpo de manera que impliques a la mente de forma eficaz para que responda a las circunstancias del momento. Centrarse de manera singular en una tarea proporciona el placer de la liberación inmediata de inquietudes preocupantes. El alivio es como una brisa fresca que te lleva suavemente junto con la corriente. La gratitud por las cosas que hay que limpiar puede endulzar la labor y transformar una tarea en una alegre comunión con artículos queridos que sostienen tu vida y animan tu hogar. Limpiar una casa produce resultados que pueden observarse inmediatamente: un entorno más armonioso, incluso bello. Imagina los beneficios que se multiplican, como evitar que el moho y los hongos perjudiquen a nuestros seres queridos, hacer compost para transformar los residuos orgánicos en alimento para plantas o retirar la vegetación seca para minimizar los incendios forestales. Esta perspectiva ampliada de la intimidad de nuestras conexiones puede acelerar la compasión que late en nuestro corazón.

La sanación reluce en las ventanas que se han limpiado minuciosamente. Brilla en un vaso de agua transparente y sin manchas. Resplandece en los suelos fregados a conciencia.

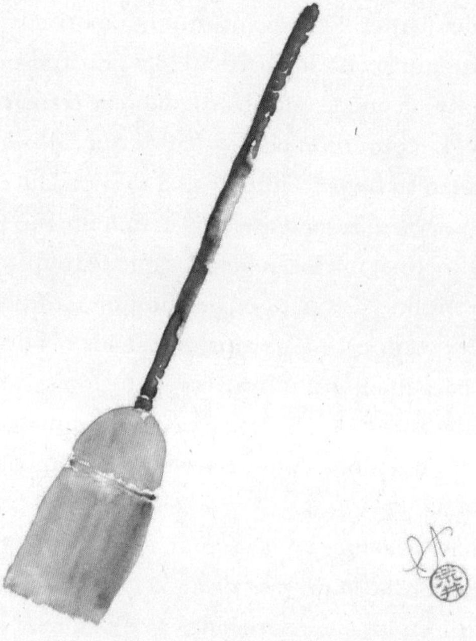

Al sostener una vieja escoba,
mi corazón agitado despierta.
El polvo cósmico brilla.

流

6 | FLUIR

¿Qué rituales podrían ayudarme a sufrir menos con las incertidumbres y los miedos que acompañan los momentos difíciles de la vida?

Uno de mis rituales favoritos se lleva a cabo en Nochevieja en todo el archipiélago japonés. La gente se reúne en templos grandes y pequeños para conmemorar el paso de un año al siguiente. Mientras estoy de pie con el aire limpio y frío del convento zen rodeándome, el estruendo de la enorme campana de bronce resuena a través de mis huesos. Estoy muy emocionada por tener la distinguida y excepcional oportunidad de tocar esta magnífica campana. Cuando finalmente llega mi turno, alcanzo la larga viga de madera que está suspendida del techo del campanario con una cuerda gruesa. El peso de la madera hace que tenga que poner todo el cuerpo en movimiento para golpear la campana lo suficientemente fuerte para producir un sonido decente. Como hace cada persona antes y después de hacer sonar la campana, me inclino enérgicamente, mostrando agradecimiento por los regalos del pasado año y respeto por las posibilidades del próximo que me llenan el corazón.

Todos los reunidos se turnan para tañer la campana hasta que suena ciento ocho veces. El número 108 tiene un significado en código: representa los ciento ocho estados mentales aflictivos (entre ellos la ira, el miedo, los celos, la ansiedad, la avaricia, el odio y la ignorancia intencionada) que han causado sufrimiento en el pasado año. Simboliza asimismo la aspiración de transmutarlos en ciento ocho estados mentales despiertos (entre los que se incluyen la paciencia, la ecuanimidad, la amabilidad, la confianza, la generosidad, la compasión y la sabiduría) durante el próximo año. Dar la bienvenida al nuevo año entre un grupo de personas reafirma que no soy la única que está experimentando negatividad y que aspira a crecer.

Para participar en el ritual de protección que se ofrece a principios del nuevo año, Nogawa-san no es la única mujer laica que se asegura de dejar la cena preparada por la mañana; algo que sea fácil de calentar y servir al volver a casa por la noche. Es el ritual anual de la Gran Sabiduría *(Daihannya-e)*, que se lleva a cabo en el templo de una monja. Nogawa-san nunca falta a la cita. Quiere toda la ayuda que pueda conseguir para su familia. No vislumbra una crisis inmediata, pero sabe que cualquier año pueden surgir acontecimientos que la pongan a prueba, a ella y a su familia, ya sea una enfermedad, una decisión importante sobre qué hacer con su modesto negocio familiar o problemas con su hija. Siempre llega pronto a rituales populares de este tipo: es su forma de mostrar respeto por la importancia del ritual y asegurarse un asiento céntrico. Muchas otras mujeres de una edad similar también llegan pronto. Al final se ocupan todos los asientos y los espacios en el suelo. Las monjas entran en fila para sentarse en las pequeñas mesas de *sutras* dispuestas en filas de forma perpendicular al altar principal, dejando la sección central directamente frente al altar abierto para el oficiante principal. Un tambor *taiko*, de unos sesenta y cinco centímetros de diámetro y quince centímetros de grosor, cuelga de un soporte ornamentado con motivos de llamas. Este tambor, reservado para el ritual de la Gran Sabiduría, crea una intensidad de energía poco habitual en un templo zen.

Muchos templos en Japón de diferentes facciones celebran este potente ritual que desata el poder del *Sutra de la perfección de la sabiduría*. El oficiante principal llega vestido con una túnica de seda bermellón y una sobrepelliz con brocado dorado que le cubre el hombro izquierdo. Sostiene un espantamoscas largo de pelo blanco que solo los oficiantes superiores pueden llevar. Se acerca al altar con pasos medidos y ofrece una varilla de incienso extralarga, símbolo de lo especial que es este ritual. Todas las monjas y el oficiante líder se inclinan intensamente, tres veces, mientras se tañe una campana grande y de sonido grave. Los primeros *sutras* se cantan con las religiosas de pie. Se esparcen ofrendas de agua sagrada rociadas con una rama con hojas y pétalos de loto hechos con papel en dirección al público laico. La emoción en la sala de oración aumenta a medida que las conversaciones del público laico se entremezclan con los cánticos de los religiosos.

Comienza el *Sutra del corazón*. Es uno de los pasajes budistas más breves (se dice que es el núcleo del extenso *Sutra de la perfección de la sabiduría*) y enseña la sabiduría de actuar con compasión. A medida que continúa el canto, el redoble del tambor aumenta a un ritmo rápido, lo cual incrementa de forma dramática la intensidad. Después de unas cuantas rondas de canto del pasaje, cada una de las ocho monjas coge un libro de *sutras* de la pila que se ha distribuido en cada una de las mesas de *sutras* lacadas en negro. Abrirán todas a la vez cada página de este *sutra* de seiscientos fascículos, que requiere varias docenas de libros de *sutras* para contenerlo todo. Cada libro se eleva primero hasta la frente en un gesto de respeto, y luego muy por encima de la cabeza, dejando que las páginas plegadas en acordeón fluyan hacia abajo en un elegante arco de páginas ondeando. Se grita enérgicamente una frase sagrada *dharani* (en japonés *darani*), una «lectura» ritualizada del *sutra*. Esto se repite en todos los puntos cardinales. No es necesario comprender las palabras que el *sutra* contiene para liberar sus poderes protectores. Una campana aguda acentúa la cacofonía del sonido a medida que el redoble del tambor aumenta:

DONdokoDONdokoDON dokodokodokodoko
DONdokoDONdokoDON dokodokodokodokodoko.

Cada monja dice en voz alta la frase sagrada a su propio ritmo, mientras empieza a abrir cada libro de *sutras*. Se pide a los laicos que se unan a la cola para recibir las bendiciones directamente del libro principal de *sutras*. Es obvio que el libro central de *sutras* es especial porque está cubierto con brocado de seda y es cinco veces más grueso que cualquiera de los otros libros, que están cubiertos con un sencillo papel *washi* de color azul oscuro.

Finalmente llega el turno de Nogawa-san. Se arrodilla frente al altar para hacer una ofrenda de incienso granulado. Mientras permanece agachada se da la vuelta para ver al maestro zen en el centro, el oficiante líder. Le devuelve la reverencia superficial con una reverencia profunda, colocando las yemas de los dedos en una punta triangular y tocando el suelo con la frente. Esta es la reverencia más formal y respetuosa, reservada para ocasiones tan especiales como esta. Mientras ella permanece inclinada, el maestro zen coge el libro de *sutras* más grande y apunta con la esquina a un punto de presión en la parte superior de la sección carnosa de uno de los hombros de Nogawa-san, y luego al otro hombro. Murmura un cántico en voz baja, apenas audible entre la maraña de sonidos que llenan la sala de oración. Nogawa-san eleva el cuerpo lo suficiente como para juntar las manos en *gasshō* (un gesto de oración que es señal de gratitud y respeto) y hace una ligera reverencia antes de levantarse para que la siguiente persona ocupe su lugar y reciba su bendición.

Todo el grupo de religiosas reunido canta el *Sutra del corazón*. Los libros de *sutras* que se han «leído» se recogen y se distribuyen otros nuevos. Los laicos continúan en la fila para recibir bendiciones que llevarse a casa para sus familias. Nogawa-san se queda un rato más antes de regresar a casa para servir la cena. Recién impregnada del poder de la Gran Sabiduría, su cuerpo es el conducto para transmitir su protección a su hogar y su familia un año más.

Las transiciones de la vida desencadenan una oleada de cambios e implican orientarse hacia las condiciones desarrolladas recientemente. Tales ajustes pueden ser tan sencillos como averiguar dónde está la oficina de correos tras mudarse a un nuevo barrio o tan complicados como establecer una nueva constelación de relaciones después de un matrimonio, divorcio o la fusión de dos familias. Los avances son nodos complejos de cambio que pueden provocar una multitud de estados mentales, que pueden oscilar desde la desesperación y el miedo aflictivo hasta la euforia exultante. Estas transiciones invitan a la reflexión, a veces incluso a cambios en la identidad y, como tales, muchas veces inician una poderosa sensación de posibilidad y crecimiento creativo. Aunque algunos pasajes de la vida son más personales y otros más comunitarios, todos pueden ser oportunidades para sanar.

Cruzar el umbral del matrimonio muchas veces implica una mezcla de modificaciones en el ritmo diario, la ubicación, las responsabilidades y las identidades. La forma de responder a las emociones que surjan puede agravar las frustraciones y las dudas o inspirar actos armoniosos de amor. Es fácil imaginar que muchas parejas, casadas o no, ven fortalecidas sus relaciones al incorporar actividades rituales y atención consciente a sus rutinas. Algo tan simple como establecer una cita semanal (tal vez empezar haciendo sonar una campana y respirando profundamente durante un minuto o simplemente tomar una taza de té juntos) con la intención de escucharse el uno al otro de forma activa y comprensiva puede convertirse en un ritual de apoyo que afianza la conexión continua y la confianza mutua. Estas actividades pueden ser útiles para muchos tipos de relaciones.

Ya sea dentro de un matrimonio o no, y tanto si el bebé viaja por el canal de parto como si no, el alumbramiento de un hijo es un camino intenso tanto para la madre como para el niño. Otros, tras el nacimiento, también absorben la energía concentrada en este ser que acaba de vadear las aguas primigenias del útero. Las personas que cuidan a un niño necesitan adaptarse constantemente a sus etapas siempre cambiantes de crecimiento, como si cuidasen un jardín. En nuestro contexto social, criar a un hijo está cada vez más cargado de fuerzas negativas que proceden de más allá del «jardín». La misma familia muchas veces se reduce a una fracción de un núcleo. Rara vez un niño comparte experiencias con una prole más grande o recoge los beneficios de los conocimientos intergeneracionales. Los niños, no obstante, se enfrentan cada vez más a la mezcla con otros niños en una familia que han elegido los padres. Igual que al trasplantar plantas, se necesitan cuidados tiernos en el proceso de aclimatación a un nuevo entorno. El suelo bajo los pies de todo el mundo ha cambiado.

A Yamaguchi-san, embarazada de su primer hijo, le regalaron un amuleto de brocado tradicional para un «nacimiento seguro» *(omamori)* que había guiado a su amiga hacia un parto seguro durante su primer embarazo. Recibir un amuleto tan valioso le proporcionó a Yamaguchi-san una profunda alegría y un agudo sentido de protección durante su propio camino de convertirse en madre y que su nonato se convirtiese en hijo. «Me fortaleció el corazón», confesó. A los cinco meses de embarazo, en el momento en que el abdomen se hincha y la espalda se tensa, Yamaguchi-san empezó a envolverse en la tradicional faja abdominal protectora japonesa. Es un tejido de algodón blanco, de aproximadamente tres metros de largo y treinta centímetros de ancho, que se procura en los templos o se lleva a ellos para que te bendigan con sellos protectores estampados en la tela y una bonita caligrafía inscrita en ella. En su caso, su marido había aplicado una caligrafía para *kotobuki* («felicitaciones/celebración») en la tela, de modo que su amoroso apoyo era íntimo a la vez que práctico. El uso ritual de esta tela subraya la conexión cuerpo-corazón-mente, porque la tela no solo protege con amor y energía espiritual, sino que también sujeta el vientre en crecimiento para minimizar el dolor de espalda. Yamaguchi-san me recalcó que «el modo en que sostienes el corazón y la energía es lo más importante».

Podemos utilizar nuestros sentidos para navegar por las ondulaciones de las transiciones vitales. Nuestros oídos pueden sintonizarnos con el flujo del tiempo al oír el sonido de los relojes para saber cuándo es la hora de ir al trabajo, el silbido de los temporizadores para saber cuándo está lista la comida y el tañido de las campanas cuando empieza un nuevo año. Nuestros oídos nos ayudan a oír los quejidos de aquellos cuyo viaje es doloroso, indicándonos que debemos actuar con compasión. La nariz puede ayudar en todo, desde placeres sencillos hasta actos que salvan vidas. Podemos usar nuestro valioso sentido del olfato para saber en qué dirección viene el humo: ¿es una ráfaga de incienso aromático que invita a la contemplación respetuosa? ¿O es un olor acre que emana de la cocina y que requiere una respuesta rápida? Oler nos ayuda a tomar decisiones en tiempo real. Ver salir el sol nos despierta a un nuevo comienzo. Para muchas personas degustar un café o un té es el sabor de la mañana. La calabaza es la salsa del otoño. Cuando las manos arrugadas por la edad sienten la piel sedosa y suave de un bebé, el pasado y el futuro cristalizan en un solo toque. Estas sensaciones son la forma en que encarnamos el momento presente, donde reside la sanación.

En la enseñanza budista el pensamiento se considera el sexto sentido, en el cual la mente es el órgano que siente y los pensamientos personales son los objetos sensoriales del órgano. Lo que piensas moldea tu realidad. La mente puede convertir un sueño inspirado en un pozo sin fondo de dudas estresantes. Sin embargo, también puede transformar una crisis devastadora en una oportunidad creativa.

El barro se remueve cuando las cosas se mueven a su alrededor. Del mismo modo, los cambios estacionales y las encrucijadas de la vida pueden remover los sedimentos de sufrimiento que se han endurecido hasta convertirse en cicatrices irregulares en el corazón. La sabiduría contenida en ese sufrimiento ignorado se puede excavar. La vida cotidiana brinda suficientes oportunidades para familiarizarte con los contornos del barro y afinar tus sentidos para detectar áreas particularmente sensibles o preparadas para liberar nutrientes curativos. Las transiciones son ocasiones oportunas para hacer un poco de limpieza en el corazón.

Graduarse en una escuela (culinaria, de fontanería, de secundaria, de posgrado o lo que sea) es el reconocimiento de un logro. Quizá te embarcarás en un trabajo con más responsabilidades o te trasladarás a una zona en la que no conoces a nadie. Es importante destacar estos momentos con una sensación de significado ritual, de modo que una transición importante en la vida, como pasar de una escuela a otra, o de la escuela al trabajo, no se produzca sin que hagas una incorporación apreciativa de este paso en tu crecimiento. De este modo, los rituales nos ayudan a no perder la oportunidad de estar presentes en los momentos significativos de nuestra vida.

En algún momento dejarás de trabajar (ya sea por una enfermedad, una lesión, por un despido o una jubilación voluntaria), y entonces también será importante que la ocasión capte toda tu atención e intención. Junto con la incertidumbre y la pérdida, los retos y el crecimiento aumentan y disminuyen a medida que avanzamos. En ocasiones podemos anticipar las curvas y las fluctuaciones en la velocidad del cambio; otras veces nos sorprendemos del punto en que nos encontramos. Cada uno de nuestros caminos es distinto, pero compartimos preocupaciones mutuas de no sufrir, estar sanos, amar...

Las actividades rituales, tanto las que están bien establecidas como las que se han creado para adaptarse a una preocupación o un contexto específico, pueden guiar hábilmente a una persona o una comunidad por las transiciones. Diseñar detenidamente los rituales para activar todos los sentidos puede potenciar el poder curativo de una actividad ritualizada. La experiencia sensorial es el modo en que se infunde significado en el sistema cuerpo-corazón-mente. La ritualización lleva el valor de un acontecimiento a la conciencia plena, eleva su importancia y crea significado.

Los rituales son vehículos especialmente poderosos para generar una experiencia profunda de interrelación. Pueden ayudar a una persona a conectarse a una red amplia y sentirse apoyada por ella, como hice yo cuando encendí una varilla de incienso tras el fallecimiento de mi madre. Sentirme arropada por quienes han perdido o perderán a una persona amada me ayudó a aceptar las causas y las condiciones y a fusionarme con el flujo de la corriente en lugar de aislarme en el desánimo. Reflexionar sobre las ondulaciones en el camino que has recorrido para llegar al momento presente te ayudará a ver que los acontecimientos dolorosos o los comentarios hirientes han estimulado el crecimiento y han revelado capas más profundas de gratitud que hacen que tu percepción de las circunstancias sea más cálida y dulce.

De hecho, la gratitud es un potente elixir que inspira humildad, respeto, ecuanimidad y creatividad, todos ellos estímulos vitales para fluir en sincronía con el todo. No obstante, algunas condiciones pueden parecer arenas movedizas en las que cualquier movimiento te hunde más profundamente en el pantano del sufrimiento. En esos momentos la gratitud revela la ferocidad de su poder. Incluso un murmullo de agradecimiento por algo, cualquier cosa, desencadena el magnífico poder de la compasión. La compasión puede atravesar la fortaleza de la autocompasión y silenciar el arsenal de la ira. Incluso unas pocas gotas de autocompasión pueden sofocar los suficientes fuegos inmediatos de desesperación para permitirte ver una salida. Por esta razón abordar las travesías de la vida con gratitud puede liberar la sabiduría profunda que emerge al transformar el sufrimiento en compasión. La belleza también puede ser una guía a través de las transiciones de la vida, puesto que puede tentarnos para que ampliemos nuestra perspectiva, de modo que abriremos un espacio para suavizar el corazón en lugar de endurecer la mente. Nuestros ritmos y patrones vitales fluctúan de inquietantemente discordantes a armoniosamente sanadores. Este es nuestro estanque de barro. Tenemos el poder de absorber sus nutrientes y florecer; tenemos la oportunidad de fluir en estanques sanadores de compasión.

A pesar de todas las presiones que competían por la atención de Kenji, de trece años, decidí que podía ayudarlo. Podía hacer algo para equilibrar las fuerzas que lo presionaban por medio de portales tecnológicos: anuncios, YouTube y motores que buscan en lugares que de otro modo ni siquiera habría sabido que existen. Cuando era un niño hicimos el rito tradicional sintoísta para agradecer su entrada completa al mundo de los humanos, y me di cuenta de que necesitábamos otro rito para darle la bienvenida al reino de la adolescencia en la era digital. Como no teníamos una tradición para ello, me inventé una. El día que recibió su primer teléfono móvil fuimos a nuestro altar doméstico.

Con intención seria, se sentó conscientemente centrado frente a Kannon. Con la mano izquierda alzada en medio *gasshō* en señal de respeto hizo una ligera reverencia mientras encendía la vela y el incienso. Entonces entonó la campana y mantuvo el ritmo con el *mokugyō* de madera mientras cantaba el *Sutra del corazón*. Como el 18 era el número de buen augurio de Kannon, preparé dieciocho tarjetas en las que podría escribir dieciocho cualidades que tuviese intención de cultivar en su adolescencia. Mientras diseñaba el ritual estuve a punto de cometer un error muy grave que hubiese resultado en un acontecimiento significativamente distinto. Yo iba a escribir las dieciocho cualidades que yo pensaba que debería cultivar para atravesar este periodo de crecimiento. Dejé las tarjetas en blanco justo a tiempo para que él empezase a tomar sus propias decisiones sobre qué clase de persona quería ser.

Al terminar de escribir en una de las tarjetas usó las dos manos para ponerla en el altar, hizo sonar la campana y se puso de pie para llevar a cabo una postración completa. Con la frente en el suelo y las palmas de las manos levantadas hacia arriba, prometió que cultivaría la comprensión. Cogió en silencio otra tarjeta, escribió con detenimiento, hizo sonar la campana conscientemente, se puso de pie con seguridad, se inclinó con respeto y prometió que cultivaría la sabiduría. Repitió solemnemente los movimientos ritualizados, uno detrás de otro, y prometió cultivar la decisión, el perdón, la generosidad, el coraje, el equilibrio, la fuerza, la bondad, la disposición, el amor, la compasión, la valentía, el cuidado y la gratitud.

Aunque todas eran cualidades que yo también hubiese elegido, en ese momento me estaba poniendo un poco nerviosa. Solo quedaban dos, y yo quería que fuese consciente sobre el hecho de ser responsable de sus actos. Como si pudiera oírme pensar, escribió la decimoséptima carta, pero antes de tañer la campana me miró. Fue su primer descanso durante el ritual. Brilló una sonrisa traviesa. La campana sonó. Se levantó. Hizo la reverencia. «Prometo cultivar la responsabilidad.» Sabía que sería más emocionante dejar esta cualidad para el final. Aunque estaba aliviada porque su escrupulosidad estaba activa, examiné con seriedad mi mente, como queriendo estar segura de que no había ninguna cualidad vital que Kenji pudiese pasar por alto. Aunque había prometido morderme la lengua y dejar que él las eligiese todas, internamente estaba nerviosa, preocupada por qué cualidad vital debería incluir. Con la gravedad pesando mucho en el aire, cogió la última tarjeta. Entendí que si yo le hubiese impuesto las cualidades con las que debería comprometerse antes de recibir el teléfono móvil, habría perdido esta increíble oportunidad de que él demostrara su madurez y yo averiguara quién era mi hijo. Escribió muy despacio. Con la atención plenamente centrada, colocó la tarjeta en el altar. Un repiqueteo rotundo de la campana llenó la sala. Moviéndose deliberadamente, se puso de pie para su decimoctava postración completa. Con las palmas de las manos levantadas en un gesto de máximo respeto, logró hablar de forma monótona mientras pronunciaba su última promesa: «Prometo no olvidarme de jugar».

Por encima del oro enterrado
fluyen corrientes serpenteantes.
El barro nutre la sabiduría.

蓮

7 | CONECTAR

¿Cómo puedo conectar conmigo misma, con mi comunidad y mi mundo de una forma que invite a la sanación?

Aquí, en el templo, donde Ogawa-san ha venido para la ceremonia del té, el ritual empieza con su primer paso en el jardín: una invitación a sentirse arropada por la belleza de la naturaleza. Este refugio verde alberga plantas medicinales en un equilibrio relajante para asegurar que tanto el cuerpo como la mente estén bien nutridos en su interior. El anfitrión ha humedecido recientemente el camino de rocas que serpentea por el jardín, un gesto sutil para transmitir respeto. Cada piedra dirige a Ogawa-san más profundamente a la tranquilidad del jardín; la tensión y el cansancio desaparecen con cada paso. Al llegar al pozo, Ogawa-san se detiene para reflexionar sobre la talla que hay en la pila de piedra: «Solo conozco la satisfacción». Alza la mano derecha para levantar el cazo de bambú de mango largo y fino e imagina cómo se sentiría si solo conociera la satisfacción, sin deseos que te arrastren o aversiones que te empujen, sin quejas ni decepciones. Recoge agua con cuidado con el cazo y la vierte lentamente sobre la mano izquierda. Cambia las manos y deja caer agua sobre la mano derecha. Entonces, cogiendo el mango con ambas manos, deja que el agua restante del cazo corra por el mango para enjuagarlo como cortesía para la siguiente persona que venga. Coloca el cazo de bambú en el pozo, con el cucharón hacia abajo y el mango ligeramente inclinado. Luego hace una pausa para absorber la sensación del agua purificándola, por dentro y por fuera. Estando en el momento presente, satisfecha, inspira lentamente para disfrutar de la intimidad del verde jardín mientras se seca las manos con un pañuelo.

Después de quitarse los zapatos y colocarlos cuidadosamente a un lado se arrodilla en la puerta del salón de té y la abre con ambas manos, mostrando un gran respeto. Para alertar a la anfitriona de que ha entrado en la sala, con cuidado hace un breve sonido al deslizar la puerta para cerrarla. Aunque está sola en la pequeña sala, hace una profunda reverencia en dirección a la caligrafía y las flores que se han dispuesto ingeniosamente para la ocasión. Sentada en silencio, bebe de la sabiduría inscrita en la caligrafía. La primavera la recibe con delicadas flores, un refugio que se ofrece cálidamente en un jarrón de bambú. Ogawa-san siente respeto a un nivel primigenio. Alguien se ha preocupado lo suficiente como para cuidar cada detalle, creando una armonía de elementos reconfortante que prolonga sus relaciones con la belleza tranquila de la tierra, la estación y las personas que se reunirán para la ceremonia del té.

Cuando llegan los otros dos invitados se hacen reverencias de bienvenida mutuamente. La conversación es limitada y susurrante, puesto que nadie quiere romper la pureza y la tranquilidad del momento. La anfitriona entra y todos se inclinan como muestra de respeto mutuo, dándole forma a un todo conectado. Se ayudan unos a otros a sanar como una consecuencia natural de involucrarse plenamente en el disfrute estético de tomar el té juntos: nada es gratuito y no falta nada. Para equilibrar el amargor del té verde *matcha* que vendrá después, el anfitrión ofrece confecciones dispuestas de forma elegante que reflejan la temporada primaveral. Es como si unas flores de cerezo de color rosa suave acabasen de caer con delicadeza en el plato de cerámica de celadón. El corazón de los invitados queda cautivado por el refinamiento y la delicadeza de los dulces, su belleza amplificada por el silencio. Cuando el agua empieza a emitir un sonido que recuerda al viento que sopla entre las agujas de los pinos, la anfitriona sabe que el agua ha alcanzado la temperatura perfecta para resaltar el sabor del té. Sirve con un cucharón el agua caliente en una taza y luego mezcla el té con gestos exquisitamente fluidos. Cada detalle complejo se ejecuta con una naturalidad que solo puede proceder de una comodidad relajada por consagrarse y dedicarse plenamente al momento presente. Ogawa-san respeta cada utensilio y movimiento meticuloso por su rol preciso en la preparación del té para otra persona. Cada artículo que se sirve, se pasa o se devuelve va acompañado de una reverencia de gratitud y respeto. Ogawa-san siente una conciencia muy elevada en todos sus sentidos, y la belleza nutre su sistema cuerpo-corazón-mente. Experimenta una alegría sutil por el simple hecho de ser y su corazón amplía su capacidad para aceptar las circunstancias y expresar agradecimiento. El té la ha ayudado, una vez más, a ocupar su lugar integrado en el universo, sin distinguir entre lo animado y lo inanimado. Es un lugar donde la belleza emerge de la interrelación entre todas las cosas.

Imagina: «Solo conozco la satisfacción».

Sin embargo, no siempre es fácil percibir nuestra interrelación como algo bonito. Aceptar las corrientes sociohistóricas que dan forma a nuestro mundo inevitablemente requiere que expandamos nuestra perspectiva para ver la infinidad de relaciones en constante cambio que nos afectan. ¿Qué podemos hacer, en nuestro mundo globalizado con sus infinitas distracciones, no solo para separar lo importante de lo trivial, sino también para vivir de acuerdo con nuestras convicciones sobre la justicia y la equidad? Un ejercicio que puede ayudar es asegurarnos de que estamos en contacto con nuestro cuerpo y con el momento presente. Podemos mover el cuerpo en rituales que creen significado para amplificar la compleja armonía de nuestras relaciones. Los rituales que nos hacen enfrentarnos al miedo a la diferencia y la ansiedad por la escasez nos ayudan a sentirnos lo suficientemente seguros como para hacer palpable nuestro círculo de conexiones. Incluso el gesto ritualizado de hacer una reverencia igual de profunda ante un ser humano y una taza de té puede guiar sutilmente nuestra conciencia hacia la extensa matriz de conexiones que todos compartimos. El ritual de tomar el té puede inspirarnos para conectar con nuestro yo interior más profundo y estimular la conexión con los demás de manera sanadora.

¿TIENEN LAS HORMIGAS NATURALEZA BÚDICA?

«Tener» es una palabra de cinco letras.
Se aferra a las cosas que hace.
Es avariciosa y egoísta.
Es divisiva,
enfrenta el «nosotros» al «ellos».
Amenaza nuestra supervivencia.

Cuando se aíslan, las hormigas también
actúan bajo el hechizo del «tener»
y su primo «mío».
Sin embargo, en cuanto alcanzan una masa crítica,
se transforman.

Ya despierto a la sabiduría de la «antropía»:[1]
no hay yo,

1. La autora juega con el término *entropy* «entropía» convirtiéndolo en *antropy*, que suena muy parecido y procede de la palabra ant «hormiga» en inglés. No es posible hacer un juego de palabras similar en castellano. *[N. de la T.]*

no hay tú,
no hay hormiga,
cooperamos fluidamente,
nos movemos armoniosamente,
satisfaciendo las necesidades de todos.
¿Cuántos humanos hacen falta
para que
actuemos
juntos?

Exploramos las relaciones con nuestros sentidos. Ver las estrellas brillar por la noche es tener una visión de una vasta red de apoyo. Son estrellas como estas las que nos ofrecen los regalos que sostienen la vida, como el hidrógeno, el carbono y el hierro. De la fusión estelar surgió el carbono que abunda en las formas humanas y vegetales y en el agua. Ha circulado por la atmósfera de la tierra durante millones de años y ahora fluye por nuestro cuerpo, en la sangre que nos corre por las venas, y se vierte en la taza de té que compartimos con alguna amistad. Oler el aire salado del mar nos recuerda que las aguas del vientre de nuestra madre surgieron de las aguas primigenias de la tierra. Oír las risas de los niños flotando en el parque nos induce a tener en cuenta cómo afectarán nuestras acciones presentes en su futuro. Degustar la comida preparada por un ser querido es una medicina cuando estamos enfermos. Al sentir el tacto de la ropa en el cuerpo podemos plantearnos que podría haberla cosido una mujer desesperadamente pobre que haría lo que fuese para cuidar de su familia. Podemos darnos cuenta de que las fibras de nuestra ropa tejen una economía global que oprime sistemáticamente a algunos para beneficio de otros. Estamos todos atrapados en un barro lleno de semillas de dolor y trauma (algunas recién plantadas, otras sembradas por nuestros antepasados) que anhelan ser liberadas. Relacionarnos en paz y de forma justa implica que todos pensemos con mente montañosa y corazón oceánico. Juntos podemos labrar la tierra que tenemos bajo los pies para manifestar la profunda sabiduría que anhela ser descubierta. Plasmar nuestras relaciones desplaza los nutrientes del barro para crear flores.

Conozco a una pareja estadounidense que estaba encantada de dar la bienvenida a su primer hijo, un niño, al mundo. Cuando nació, sus padres se unieron a la infinidad de personas que se estrenaban en las alegrías y los miedos de la crianza. Le tomaban la temperatura si les parecía que estaba demasiado caliente y se preguntaban si el llanto significaba hambre, dolor o que le estaba saliendo un diente. Cada día era un torrente de preguntas. Al ver a su bebé dormir plácidamente, lo más exquisito que habían visto nunca, una sensación de amor incomparablemente poderosa surgió en su corazón. Después del primer año su confianza aumentó, aunque las preguntas no disminuyeron. Tras el segundo año se dieron cuenta de que sus preguntas eran algo distintas de las de la mayoría de las personas con quienes intercambiaban impresiones. Después de los tres años empezaron a preguntarse si estaban haciendo algo mal. Los comportamientos de los que la mayoría de los otros padres disfrutaban o se quejaban parecían significativamente más avanzados que los de su hijo. Una avalancha de preguntas amenazaba con aplastarlos cuando el niño estaba a punto de empezar la escuela. Aunque habían aceptado e identificado que su hijo respondía mejor con enfoques y apoyos distintos a los de sus amigos, les estaba costando mucho recibir ayuda de la escuela pública cercana. Cuando se casaron habían comprado aquella casa en particular con la escuela en mente, imaginando que irían caminando juntos al colegio con sus futuros hijos. Aunque habían tenido muchas reuniones con la bien intencionada directora y una profesora muy amable, era doloroso ver que trataban a su hijo como un niño raro y vago, especialmente en las dinámicas sociales con sus nuevos compañeros de clase. Les aconsejaron que repitiese preescolar.

Cuando llegó al instituto, los padres ya habían aprendido a ser firmes defensores de su hijo. No obstante, el peaje que habían pagado había quedado oculto a la vista de todo el mundo. Las discusiones mantenidas en voz baja y férrea para que su hijo no los oyese estallaban cada vez con más frecuencia en gritos desgarradores. Con cada año que pasaba, su consumo de alcohol comenzaba cada vez más temprano en el día, puesto que el agotamiento que les producía atender las necesidades de su hijo no aflojaba. Determinar qué era una compra esencial era una fuente constante de angustia moral y tensión entre los padres, especialmente cuando se dieron cuenta de que tendrían que financiar el cuidado de su querido hijo cuando ellos ya no estuviesen. ¿Era un acto de amor o de egoísmo comprarse algo agradable para disfrutarlo ellos, incluso un regalo de cumpleaños o de aniversario?

Sin embargo, a medida que cada cucharada de helado de fresa (su favorito) se le derretía en la boca, su sonrisa de pura satisfacción nunca dejaba de iluminarles el corazón. Cada vez que saludaba tranquilamente a un desconocido, una cascada de alivio liberaba un aluvión de energía rejuvenecedora. Aunque no lo querían menos cuando había que susurrarle las buenas noches desde la puerta de su habitación, cada vez que se sentía lo suficientemente cómodo para dejarles darle un abrazo y un beso de buenas noches, el júbilo se disparaba.

Tanaka-san es una amiga que conocí durante mi peregrinación que, después de haber sufrido años de perfeccionismo, se liberó de él por una epifanía en un estanque de lotos. Después de que eso ocurriera, inició una práctica diaria que consistía en abrir los sentimientos de su corazón para sintonizarse con el mundo que la rodeaba, y a veces dejaba que este ejercicio fluyera hacia la poesía. Se centró rápidamente en los sitios más sensibles. La mañana del 10 de agosto de 1993 surgió en su mente un poema que presagiaba una crisis medioambiental y espiritual:

El planeta se está convirtiendo en un desierto.
La tierra también, los corazones de la gente también.
Vagando en busca de un oasis,
la gente busca agua sagrada.

Consciente de la íntima conexión entre el planeta y el corazón resecos, sintió una sacudida de angustia. Los humanos parecían haber perdido cada vez más de vista un referente moral que protegería tanto el planeta como su propio corazón. Al entender que todos estamos juntos en esto y que la soberbia humana impulsa los infortunios de nuestra Madre Tierra, supo que sus actos importaban. ¿Qué podía hacer? Como para responder su propia pregunta, surgió otro poema:

Si pienso en qué piedra de afilar
puede pulir mi corazón,
no hay escasez.

Al sentir el mundo como un organismo constantemente vibrante, Tanaka-san se experimentó a sí misma como un nervio vital en una red muy grande. Pulir su corazón día a día era una forma de vivir una vida moralmente responsable. Se trataba tanto de mejorarse a sí misma como de mejorar todas sus relaciones. Mientras ella no sanara, todos los demás seguirían sufriendo, incluyendo el planeta.

En el fondo sabemos que dependemos unos de otros. Se ha sugerido que el inicio de la civilización pudo haber sido un fémur curado, lo cual demostraría que alguien ayudó a una persona herida cuando esta no podía buscar comida ni valerse por sí misma. Experimentar nuestra interrelación puede hacer que despertemos a la realidad de que, si nosotros mismos no incorporamos la compasión, ¿quién lo hará? Colmar de gratitud a nuestros antepasados y engendrar belleza para mantener a nuestra progenie llena el presente de alegría de vivir.

Hilos invisibles
nos entrelazan con el amor.
Toca, mira, saborea, escucha, huele.

順

8 | SER

¿Cómo puedo ampliar mi perspectiva para poder aceptar la realidad tal como es y simplemente ser, incluso en circunstancias dolorosas?

Soy profesora y durante mis primeros años en el mundo académico la fuerte presión de «publicar o morir» (un proceso que yo, ingenuamente, pensaba que se basaba en los méritos) me empujó a usar cada minuto de manera eficiente. Tenía que conservar mi trabajo para pagar las facturas, de modo que tenía la implacable sensación de urgencia por que las cosas estuviesen siempre en movimiento. Mi reserva de paciencia era escasa para quien era la persona más vulnerable para mí: mi hijo. Una vez que Kenji tuvo edad suficiente para caminar hacia el coche solo, empezó para él una etapa de disfrutar corriendo de un lado para otro; una expresión alegre de su yo chiquillo, pero que muchas veces yo sentía que debía ser interrumpida. Con cada año que pasaba se iba haciendo cada vez más difícil simplemente sacarlo de la cama, y yo cada vez estaba más desesperada por llegar a tiempo a la escuela. Durante unos diecisiete años las mañanas dejaron de ser un momento en el que sentía que podía recibir el día con el corazón abierto. Para ahorrarme la hora de conducción necesaria en caso de que perdiese el autobús, ponía alarmas (primero musicales, luego molestas) para que una fuente objetiva anunciase que era la hora de marcharse. Mis palabras no tenían poder para hacernos salir de casa a tiempo. Incrementé el volumen de mi voz, como si la audición fuera el problema. Saber que aumentar los decibelios no servía para nada no me impidió seguir intentándolo año tras año.

Mis disculpas diarias a Kenji sonaban huecas porque no cambié mis maneras. Me sentía especialmente sola cuando alguien intentaba mostrar solidaridad diciéndome que estaba de «padre soltero» o «madre soltera» ese fin de semana, esa semana o durante dos semanas, porque su pareja estaba fuera. La expresión que mejor describía mis circunstancias era «crianza en solitario». Solo me sentía aliviada cuando pagaba por ello. Estuve sola con los picos de fiebre a medianoche de mi hijo, sola con las muchas tareas que implica criar a un hijo y llevar una casa: comprar comida, aspirar suelos, preparar comidas, limpiar canaletas, revisar deberes del colegio, palear nieve, arreglar calderas... Parecía un flujo interminable de demandas en una fiera competición con mi labor investigadora, la enseñanza y la escritura. Me veía como una víctima de una cultura institucional sexista y racista. Me atrapaba un nudo de resentimiento y victimismo que envolví en púas penetrantes de autorreproche por gritarle a mi hijo. Me sentía encadenada a mi dolor pasado y a mi miedo futuro. Estar en el presente era un concepto abstracto. Perdí la noción de lo que se sentía al simplemente ser.

Recurrí a mi querida maestra zen Kitō Sensei y a mis devotas ancianas laicas, Tanaka-san y Kawasaki-san, en busca de orientación. El término japonés *yurusu* volvió a aparecer en sus consejos. *Yurusu* es un verbo que suele traducirse como «perdonar». Me explicaron que tiene el efecto de crear más espacio en el que moverse y respirar. Cuando haces *yurusu* las posibilidades se expanden, lo cual facilita que veamos la realidad desde una perspectiva más amplia y profunda. Hace crecer la mente y el corazón para permitir que las cosas sean, incluso cosas con las que no estás de acuerdo o que no te gustan. Como es inevitable que surjan aspectos negativos y circunstancias adversas, la negatividad puede levantar muros si no se procesa, puesto que separa lo que está interrelacionado, lo cual genera una tensión inherente. Anclarse en el rechazo también drena una energía que podría usarse de otras maneras. Si la negatividad se mantiene demasiado tiempo, calcificará y será más difícil de eliminar. Así que, como me dijo Tanaka-san una vez, «el objetivo es convertir las cosas que son un inconveniente en un plus. Convertir las cosas en un plus implica crecer para hacer espacio». Tanaka-san me lo explicó con más detalle:

> Debes desechar el pasado para hacer espacio para aceptar el presente. Se trata de en qué medida estás en contacto con el poder de lo ilimitado. Si eres sincera (sin bloqueos, sin cal-

cular ganancias y pérdidas) y dejas que las cosas fluyan como una corriente, entonces el perdón y el dejar espacio para otras cosas ocurrirán. El agua endurecida no se moverá. Dependiendo del asunto en cuestión, puedes dejar espacio para algo respondiendo con silencio, pero es importante no volcar la ira hacia ti misma. Cuando perdonas y creas espacio para el presente, tu corazón se derrite.

Kawasaki-san también me ofreció la amable advertencia de que: «La vara de medir que usas contigo misma no es rigurosa. Es demasiado limitada. Si usas tu propia vara de medir, te sentirás demasiado orgullosa o deprimida. Así que simplemente canta el *Sutra del corazón* y sigue la luz de Kannon. Es una cuestión de hasta dónde puedes inclinar la cabeza y simplemente ser».

Kitō Sensei hablaba por experiencia cuando comunicó que «un corazón tolerante no tiene miedo». Aceptar sin miedo implica expandir nuestra perspectiva mucho más allá de nuestros datos personales. No tener miedo es tener la mente abierta, ser magnánima y crear continuamente espacio para más. La sabiduría de su consejo me ayuda a liberar gradualmente el dolor profundamente arraigado del autorreproche y la amargura, lo que me permite estar presente de manera más plena en la realidad que se despliega ante mí. Aunque sigo presionándome para llegar a tiempo y veo la puntualidad como una expresión importante de respeto por los demás, las palabras de estas sabias mujeres también me ayudan a suavizarme y a aceptar las circunstancias cuando mis planes cuidadosamente estructurados y mis horarios no se materializan como me habría gustado.

Convertirse en padre por primera vez implica un cambio de identidad, ajustar el ritmo de la vida diaria y dar paso a un sinfín de nuevas preocupaciones. Hacerlo a mediados de la cuarentena, como hizo mi amigo, tiene sus ventajas. Ya había superado una amplia gama de desafíos, de modo que sus habilidades vitales estaban más desarrolladas. Aun así, cabalgar las olas del cambio requirió toda su atención.

Cuando nació su bebé, lo hizo en el cuerpo de un niño y le asignaron el género masculino al nacer. Mi amigo me reconoció después que tenía muchas ganas de hacer cosas «de chicos», como jugar a la pelota. Sin embargo, a medida que el bebé creció, mi amigo se dio cuenta de que sintonizaba mucho más con actividades tranquilas, de modo que no lo presionó para que hiciesen las cosas que él pensaba que sería divertido que hicieran juntos. Escuchó y observó con amor. A medida que su hijo maduraba hasta convertirse en adolescente, no lo pilló desprevenido que dijese que sentía que su cuerpo no se ajustaba a su identidad de género.

Juntos hicieron un viaje con tienda de campaña para explorar el asunto de manera más tangible. En la libertad y el anonimato del bosque, «su hija» de once años se puso un vestido al aire libre por primera vez. El vestido le hizo sentir su verdadero yo; a sí misma. Por casualidad, en el campamento vecino había otra familia con un hijo cuyo verdadero yo también luchaba por salir. También descubrió que lucir un vestido le ayudaba a entender su propia identidad. Ponerse un vestido fue su ritual de iniciación, que habían intuido de forma natural. La confluencia extraordinaria de esta conexión fue sanadora para todos. Llevar ropa codificada culturalmente para expresar un cierto género puede ser tan opresivo como liberador. Estas familias eligieron la liberación, soltando a sus hijas para que amasen ser lo que eran.

Honda-san vive con un dolor de pierna de causa desconocida; a veces inmovilizador, siempre penetrante. Ella lo considera incluso peor que cuando un dentista toca accidentalmente un nervio en una parte de la boca no anestesiada, porque la fuente de su dolor no se mueve. Se queda siempre en el mismo sitio, generando nuevas oleadas de dolor con cada respiración. A veces las lágrimas se le escapan en silencio y de forma incontrolable de las comisuras de los ojos mientras el dolor la recorre.

Valora vivir en su pequeño estudio porque lo tiene todo al alcance de la mano. Cuando sale a la calle se las arregla para moverse con una cojera pronunciada que la hace balancearse de un lado a otro mientras camina. Como la mayoría de las personas en Japón, no tiene coche, y la falta de transporte privado incrementa el número de miradas a las que se somete. Se desplaza sobre todo en transporte público, y muchas veces la tratan como si fuera tonta. Los viajes en taxi se reservan para momentos críticos, debido al coste que supone para sus modestos medios. Cuando necesita salir a hacer la compra u otros recados planifica su ruta en función de cuántas escaleras tendrá que subir o bajar en estaciones de tren, de metro y autobuses. Sabe qué rutas son más cómodas para sus piernas y las antepone a las más rápidas. Dependiendo del número de sitios a los que tenga que ir, calcula cuánto pueden soportar sus piernas ese día.

La actividad curativa que ha sostenido a Honda-san durante lo peor de su incapacitante dolor de pierna es copiar escrituras *(shakyō)*. El tercer sábado de cada mes se dirige a un templo zen de monjas situado en lo alto de una colina empinada en Nagoya. Rara vez falta a su cita. Después de llegar en taxi, Honda-san pincela cuidadosamente los trazos caligráficos de cada carácter del *Sutra del corazón*. Al final hay un espacio para escribir una oración. De hecho, no es raro que la gente asista a la sesión de copias de escrituras con la esperanza de que sus oraciones sean más eficaces.

Después de que me contase cómo la práctica de la copia de escrituras la sostenía y la sanaba, le pregunté en mi japonés más educado lo que yo creía que era una pregunta razonable: «Si no le importa compartirlo, ¿cuál es la clase de cosas que ofrece en una oración?». Con total naturalidad me respondió que nunca rezaba por nada. Me quedé conmocionada. «¿No reza para que desaparezca el dolor de pierna?» Ahora era ella quien estaba sorprendida y confundida. Balbuceó: «No, ni siquiera he pensado nunca en ello. Nunca se me ha ocurrido». Aun pensando que debería ser una etnógrafa respetuosa y no agregar más preguntas que pudiesen indicar una crítica de su práctica y tratar de analizar la cuestión por mí misma (y sabiendo que el japonés es un instrumento lingüístico tan delicado, indirecto y sutil), solté: *«Nandé?!»* (¡¿Por qué no?!). Ella estaba visiblemente incómoda por estar siendo presionada por alguna razón. Acababa de abrir conmigo su corazón sobre el dolor que había sufrido (lo cual no es una tarea fácil para alguien que es el epítome de la corrección y una maestra en el arte de cuidar atentamente a los demás) y había compartido conmigo la belleza y la alegría que recibía por el simple hecho de ir a copiar escrituras. Le resultaba difícil entender qué más podría explicarme. En ese momento tomé el control de mi incredulidad, dejé caer un «es lo que yo hubiera hecho» y llevé la conversación hacia otros derroteros. Tardé años en entender cómo la copia de escrituras la ayudaba con su dolor, incluso si no rezaba para que dejase de dolerle la pierna.

La clave para entender por qué nunca rezó para que desapareciera su dolor reside en su confusión sobre por qué yo pensé que lo habría hecho. Yo no podía imaginarme experimentar una aceptación tan absoluta y constante del dolor crónico debilitante simplemente estando con él en el momento presente, sin quejarse. Sin embargo, Honda-san no se resiste a las circunstancias de su vida. Ni siquiera en privado desea que las cosas sean distintas. Tampoco ve la vida pasar de forma pasiva. Honda-san se ha disciplinado para percibir su situación como algo que no es culpa de nadie. Se da cuenta de que tiene el poder de moldear su vida y elige definirse a sí misma y sus necesidades según sus propios estándares. Nunca ha sentido lástima de sí misma. Se mantiene en una situación de alegría. Al poner el pincel entintado sobre el papel mientras el aroma del incienso flota en el aire del templo, siente el grabado de madera de Kannon-sama, el *bodhisattva* de la compasión, mirándolo todo desde arriba. Con cada compleja pincelada de tinta negra en papel *washi* blanco traza el camino gris del 「色即是空。空即是色。」«La forma es vacío. El vacío es forma». Infinidad de personas han seguido este camino antes que ella, e infinidad más lo harán en el futuro. En este flujo continuo, cada momento presente es completo. En cada momento puede haber dolor, pero no hay sufrimiento. En cada momento uno pertenece, tal como es, a esta vasta y preciosa extensión. No hay necesidad de rezar por nada. Ella considera que está sanada porque no desea que su vida sea distinta. Sabe cómo, simplemente, ser.

TRANSMIGRACIÓN

«No hay nacimiento.»
«No hay muerte.»

Y, sin embargo,
el cráneo hueco
de un niño
muerto de hambre en un desierto de estrellas.

La codicia
seca la lluvia,
roba los nutrientes.

El delirio y el odio
engendran políticas del terror,
impulsando la destrucción del planeta.

Y, sin embargo,
las estrellas se convierten en mares,
los mares se convierten en vida,
la vida se convierte en huesos,
los huesos se convierten en piedras,
las piedras se convierten en estrellas.

El espacio, la materia y la energía bailan
una oración de compasión
para los niños nacidos del sufrimiento.

En cierto modo, todos somos niños nacidos del sufrimiento. Cómo nos relacionamos con el dolor y el sufrimiento es un desafío que acompaña al ser. El alivio más profundo surge cuando interaccionamos con las circunstancias presentes desde una perspectiva que se mueve al ritmo del movimiento en círculos de las estrellas, los mares, la vida, los huesos, las piedras. En la vida cotidiana, la paz puede fluir y hacerse amiga de las circunstancias actuales. No obstante, muchas veces se requiere paciencia creativa para hacerse amigo de las condiciones desagradables, mezquinas y dolorosas. Como ocurre con todas las buenas amistades, la comunicación es esencial. Ten una conversación con tu dolor de rodilla o tus problemas cardiacos. Pregúntales qué necesitan o quieren ese día y escucha sus respuestas: «¿Qué vamos a hacer hoy?», «Quizá sea mejor esperar otra semana antes de probar eso». También es importante expresar gratitud y no emitir juicios negativos apresurados: «Gracias por tu paciente comprensión mientras reúno la fuerza necesaria». Puede que no resulte en el cese del dolor o elimine inmediatamente cualquier aflicción mental, pero puede minimizar la proliferación de más sufrimiento, además del dolor. Dejarse llevar y relajarse muchas veces ayuda a que las cosas fluyan más suavemente, ya que el mismo acto de resistirse o negar las circunstancias genera más tumulto con el que lidiar. La satisfacción surge cuando nos hacemos amigos del presente e interaccionamos con las circunstancias de un modo respetuoso, paciente y a veces firmemente bondadoso.

El ejercicio de Honda-san de copiar las escrituras le proporciona una situación modelo en la que ritualizar su propia aceptación del momento presente. Aunque pocos contextos son sensorialmente tan atractivos como un templo zen, puedes enmarcar esta intención en todo tipo de situaciones y actividades. Al abordar de manera consciente una acción con presencia y propósito, puedes ritualizar cualquier acto para convertirlo en una actividad sanadora. Las indicaciones sensoriales pueden ayudar. El tiempo mismo puede ritualizarse. Puede ser tan sencillo como escuchar el sonido de una campana y percibir las sutiles vibraciones moviéndose por todo el cuerpo mientras dedicas el día a una vida sanadora. Puedes ritualizar el uso de alarmas para ayudarte a mantener las actividades programadas. Por ejemplo, cuando suena una alarma que indica que empezará una reunión de Zoom dentro de dos minutos, puedes usarlo como señal para respirar profundamente y definir la intención de ser una presencia armonizadora durante la reunión virtual. Puedes ritualizar el tiempo percibiendo el aroma del incienso como una señal para involucrarte en una actividad con conciencia de su importancia vital. Puedes ritualizar el momento presente haciendo una pausa para sentirte apoyada en tu silla. Si este apoyo no te parece nada destacable, recuerda que tú y tu silla estáis sentados en nuestra Tierra, girando sobre vosotros mismos a unos mil seiscientos kilómetros por hora mientras el planeta orbita alrededor del Sol a ciento ocho mil kilómetros por hora, y todo ello sucede a la distancia suficiente del Sol para sobrevivir a los extremos interestelares de calor y frío. El día y la noche también pueden funcionar como avisos visuales para ayudarte a cambiar tu energía, ya sea disminuyéndola o acelerándola, para estar más en sincronía con tu entorno. Comer alimentos de temporada aumenta la conciencia de estar en primavera o en otoño. Puedes sentir el invierno en los huesos y el verano en la cara. La conciencia sensorial del presente puede llenarnos de alegría y gratitud plenas, que amplifican la experiencia de la interrelación en una perspectiva ampliada de la realidad tal como es.

Nuestro sistema cuerpo-corazón-mente siempre está en el presente, donde la realidad es tal como es. No podemos estar en ningún otro lugar. Puesto que la sanación solo ocurre en el presente, es un aspecto afortunado de nuestra condición. Aunque puedas soñar con nueces, planear comer nueces o sentirte mal por haber comido demasiadas nueces, solo puedes masticarlas cuando mueves la mandíbula en el presente. Lo mismo pasa con todos los actos concretos de cuidado de uno mismo, como beber agua o descansar sobre una almohada. Tanto si estás tocando una nota con el violín como si estás pincelando tinta sobre un papel, la creatividad solo tiene lugar en el aquí y ahora. Asimismo, solo puedes expresar agradecimiento con una reverencia profunda o mirarte a los ojos, decir «gracias» con la boca o escribirlo con la mano cuando tu sistema cuerpo-corazón-mente se mueve de una manera concreta en el presente. La compasión también requiere que el sistema cuerpo-corazón-mente se mueva de una forma específica para aliviar el sufrimiento. La compasión no es una actividad general. Implica acciones definidas con una forma y un contexto particulares. Extender la mano a una persona que se ha caído no la ayudará si no estás lo suficientemente cerca para tocarla o eres lo suficientemente fuerte para tirar de ella.

La compasión es un acontecimiento actual con un alto nivel de contextualización.

Incluso actividades complejas como ampliar la perspectiva o experimentar la interrelación solo suceden en el momento presente. Puedes pensar que quieres ampliar tu perspectiva, pero eso no ocurrirá hasta que cambies tu punto de vista y veas más que antes. Puedes seguir de manera lógica los eventos de la lluvia cayendo sobre la tierra, los brotes que emergen y los pepinos que te llenan la barriga, pero para experimentar la interrelación con la lluvia, la tierra y los pepinos debes involucrar todo el sistema cuerpo-corazón-mente. Simplemente ser, en el sentido zen del término, puede parecer sencillo (y, con práctica, puede llegar a serlo), pero implica tener conciencia plena de la inmensidad del momento, admiración por todas las causas y condiciones. Su sello distintivo es una sensación de gratitud alegre.

Todas las actividades sanadoras ocurren solo en el presente. Aceptar esta circunstancia es fundamental, puesto que siempre tenemos la opción de centrarnos en otra parte. Cuanto más permanezcamos en el presente, más podremos involucrarnos en actividades que curan.

Ni demasiado grande ni demasiado pequeño,
vaso de bienvenida cálida,
espacio para que estemos todos.

育

9 | CUIDAR

¿Cómo cuidar de mí misma, de mis seres queridos, de mis enemigos, de nuestra Madre Tierra?

Para superar el último obstáculo antes de embarcarme en mi tesis doctoral, dediqué casi cada minuto de mi sexto año en la escuela de posgrado a leer un libro al día. Me sentía motivada para absorber cantidades enormes de información y forjar el nivel de conocimientos requeridos para aprobar los legendarios exámenes generales de mi departamento. Mi educación formal terminaría si no conseguía dominar el material durante las quince horas (distribuidas en cuatro días) sin posibilidad de cambios en las que se habían dispuesto los exámenes. Cuando faltaban menos de dos semanas empecé a tener fiebre. Cuando faltaban diez días la fiebre se disparó y las líneas temporales codificadas por colores que estaban pegadas en todas mis paredes se volvieron borrosas. Era la clase de fiebre que te hace temblar. No importaba cuántas mantas me pusiera encima, no conseguía entrar en calor. Mi golden retriever, que me complacía saltando obedientemente a la cama cuando lo llamaba (y solo se quedaba unos minutos antes de saltar de nuevo para irse a dormir a su cama), no solo se subió a la cama sin que lo llamase, sino que se metió debajo de las sábanas y presionó su sedoso pelaje contra mi cuerpo tembloroso. Finalmente sentí el calor suficiente para quedarme dormida. Cuando me desperté habían pasado veinticuatro horas. El perro seguía acurrucado a mi lado. Seguramente, tenía demasiado calor como para estar cómodo debajo de todas aquellas mantas, pero ni siquiera me despertó para salir a la calle o para que le diese comida.

Cuando tuve fuerzas para acudir a los servicios de salud de la universidad para ver si podía hacer algo para recuperar la salud antes de los exámenes, la doctora me preguntó en qué programa estaba. Cuando dije «Religión», ella respondió desde el punto de vista de una doctora del crisol educativo de Harvard: «Oh, tienes los *exámenes de verdad*». No sé si hay algo de cierto en esa observación, pero sí sé que mi departamento ponía el listón muy alto en cuanto al nivel requerido de lenguajes de investigación, abanico de conocimientos históricos y profundidad de conocimientos culturales para disipar cualquier sospecha de que el estudio académico de la religión era una especie de «catequesis» glorificada. Sin embargo, en todos los siglos de historia y enseñanzas religiosas que había estado estudiando me resultaba difícil recordar un relato históricamente verificado que ilustrase a un ser humano ofreciendo el tipo de cuidado que encarnaba mi perro.

Kawahara-san ha adquirido una sabiduría profunda y práctica a la hora de criar a su hijo. Aunque no está versada en los estudios de investigación que han observado una mayor resiliencia entre quienes sostienen que cuentan con el apoyo de una fuerza mayor que ellos mismos, en el fondo sabe que recurrir al *bodhisattva* de la compasión, Kannon, la ayudará. «Kannon-sama, ayúdame, por favor», ha sido el estribillo de sus años más activos de maternidad. Aunque canta las extensas escrituras de Kannon *(Kannon-gyō)* en el contexto de los rituales de sus ancestros, siente que hacerlo la ayuda a lidiar con la vida cotidiana, especialmente con la maternidad. Canta con tanta frecuencia y fervor que lo ha memorizado todo. Cuando ocurren fiebres de medianoche y accidentes que requieren una atención de emergencia, canta una frase recurrente de la escritura: *«Nenpi Kannon Riki»,* que invoca el poder de Kannon. Este verso se conoce como el «Mantra de medianoche de la madre», y Kawahara-san me explicó que su hijo se despertaba siempre llorando por fiebre alta a la una o a las tres de la madrugada. Después de que ella le cantara, el niño volvía a caer en un sueño tranquilo y no necesitaba atención médica.

Un día su hijo se cayó en un parque infantil y se rompió el brazo. Asustada, le susurró en voz baja: *«Nenpi Kannon Riki, Nenpi Kannon Riki, Nenpi Kannon Riki»* durante todo el camino al hospital. La ayudaba a concentrarse en las necesidades del momento y a estar más centrada en su hijo. ¡Al llegar a la sala de urgencias saltó del coche! Ella admite que hay personas que piensan que es una tontería cantar tanto, pero ella se muestra exultante y agradecida de que su hijo sea tan resiliente.

Tanto si estamos siendo cuidados como si estamos cuidando, la actividad de cuidar acentúa nuestra vulnerabilidad. Nos recuerda que estamos sujetos a condiciones que escapan de nuestro control y que puede que nuestros sueños no se hagan realidad. Estas condiciones son propicias para superponer emociones no procesadas a una situación, lo cual obstruye la posibilidad de tener una visión clara de la realidad más profunda. El cuidado te implora que disuelvas los impulsos engañosos y perturbadores y te entregues a las relaciones que protegen, ya sean entre un animal y un ser humano, entre un espíritu y un humano, entre una persona y una planta, entre un paño y células cancerosas o entre una madre y un hijo. Cuidar es sanador cuando nos abre una perspectiva más allá de la enfermedad y el bienestar, porque ver la vida a través de las lentes de la enfermedad o el bienestar representa una visión incompleta de la realidad. Centrarse en la enfermedad o el bienestar es separar algo de su vasto contexto de interrelación. Cuidar es sanador cuando responde a quejidos y lamentos con aceptación de nuestro universo completamente integrado.

Cuando nos preocupamos por los demás, nuestros sentidos nos guían hacia cuáles son sus necesidades. Podemos oír un lamento, ver cómo cambia el color del cutis, oler cuando se necesita un cambio de ropa, sentir con las manos cuando los músculos alrededor del cuello están tensos y percibir con el corazón cuando una persona se siente sola o tiene miedo. Nuestros sentidos también pueden guiarnos de regreso a nuestro propio cuerpo, que muchas veces descuidamos cuando estamos cuidando. Cuidar a otras personas como actividad curativa implica que también te cuides a ti mismo. Cuando te enfrentes a las olas abruptas generadas por ondulaciones de miedo y dolor, siente cómo de apasionadamente te cuidan y lo mucho que te aman infinidad de fuerzas en el universo: la brisa que lleva el aroma del jazmín en flor, el sol que te calienta la piel, la gravedad que te mantiene anclado a la tierra, el hierro de antiguas explosiones de estrellas que te recorre el corazón. Especialmente cuando el tempo es apresurado o el ritmo está fuera de lugar, escucha las señales que te ofrecen los sentidos para sintonizar con la música eufónica que late bajo la disonancia que provocó la necesidad de cuidados.

Concentrarse en algo (una fecha límite, un pronóstico, un sueño) te impide experimentar la plenitud de nuestra interrelación. Resistirse a la realidad y aferrarse rígidamente a un punto requiere una tremenda energía. No solo mina tu capacidad para concentrarte en un comportamiento amable, sino que muchas veces inflama el miedo y la ansiedad. Soltar el control y respirar ante emociones perturbadoras amplía el espacio desde el que las percibes. Hacerlo puede liberar energía para concebir respuestas más creativas a las causas y condiciones. Ver las profundas conexiones que afianzan cualquier situación puede ayudar a filtrar la aceptación y a que florezca la gratitud. Cuidar de forma creativa con el corazón en la mano, imbuyendo intencionadamente las acciones de conciencia del significado y la importancia de cada gesto de cuidado, nutre tanto a la persona que recibe los cuidados como a quien cuida, entrelazando los sistemas cuerpo-corazón-mente en una danza sanadora de compasión.

—

Honda-san se siente íntimamente conectada con el apoyo vital de la naturaleza cuando riega las plantas de su casa.

> Siento que no vivo solo por mi propio poder. No sé nada en profundidad, pero puedo decir que siento el poder del *dharma* en la vida cotidiana. Siento que el universo sostiene mi vida. No sé mucho sobre cosas teóricas, pero sí siento que estoy interrelacionada con las flores. Hablo con mi ciclamen. Lleva once años floreciendo. Le doy las gracias por florecer para mí. Siento el misterio de la vida en cosas como esta. Cuando llego a casa después del trabajo en verano me disculpo por haber estado bebiendo agua todo el día y que ellas no hayan bebido nada. Les doy las gracias por su paciencia mientras les doy

agua. Me encantan las flores. Disfruto hablando con ellas. Me hacen florecer.

La magnífica relación que Honda-san tiene con sus flores es una actividad poderosamente sanadora en su vida. Amar las flores ha sido una parte diaria de su capacidad para liberarse de decepciones y centrarse en la belleza de la vida tal como es.

Los médicos le dijeron a Kimura-san, una humilde y devota budista zen de sesenta y muchos, que el cáncer que padecía no podía tratarse. Su pequeña figura anciana y su gentil humildad ocultaban su fuerza interior. Creía firmemente que el paño tradicional *tenugui* que le había dado la abadesa zen Aoyama Roshi la curaría. Para Kimura-san este no era un *tenugui* común. A diferencia de los cientos que había usado a lo largo de sus casi siete décadas de vida, este tenía la caligrafía de la abadesa y la imagen de una figura con las manos en gesto de oración *(gasshō dōji)* impresa.

El intercambio de paños *tenugui* es omnipresente en la cultura de dar regalos de Japón. Todo el mundo debe dar y recibir regalos tan a menudo que se prefieren los obsequios prácticos, siendo la comida y los artículos de limpieza como jabón y toallas los más comunes. La abadesa había mandado hacer estos paños tradicionales para tener algo útil que ofrecer a la gente. Pensó que muchas personas seguramente no limpiarían con ellos, pero podrían utilizarlos para ocasiones únicas, como sujetar platos especiales. No se imaginaba que se usarían con fines curativos. Sin embargo, Kimura-san creía que el paño *tenugui* tenía el poder de sanar su cuerpo. Se tumbaba en la cama con un paño en el cojín y otro en las piernas, donde estaba el cáncer. Más de diez años después seguía cultivando su huerto orgánico y mezclando hierbas medicinales para muchas dolencias, desde picaduras de mosquitos hasta artritis. Los médicos no pudieron encontrar restos de cáncer en su cuerpo. Con un brillo en los ojos, se inclinó, me tocó el brazo y me dijo: «Es verdad, Paula-san. Ese paño me curó».

—

Cinco semanas y media antes de la fecha prevista para dar a luz llamé a mi madre desde la cama de la maternidad. Era el Día de los Santos Inocentes, así que al principio pensó que era una broma. El parto transcurrió sin problemas, y ella voló de Detroit a Nashville para ayudarme. Me faltaban solo unas pocas semanas para terminar el manuscrito de mi primer libro. Cuidó de Kenji mientras yo trabajaba en él. Cuando regresé a casa después de enviar por correo mi labor de ocho años al editor, mi madre me recibió en la puerta con su nieto en brazos. Supe inmediatamente por su mirada que algo iba mal. Mientras me pasaba a Kenji, me dijo que no se encontraba bien. Casi nunca había oído a mi madre pronunciar esas palabras. No porque nunca se hubiese encontrado mal, sino porque nunca se había quejado de ello. Le pregunté si quería que fuésemos al médico. Supe que era grave cuando me dijo rápidamente que sí.

Era sábado por la mañana, y ambas sabíamos que eso significaba ir a urgencias. Mientras ataba a Kenji en su asiento de seguridad orientado hacia atrás, sabía que era el momento de ir en contra de las reglas y acelerar por la carretera. Al encontrarme con un flujo de coches que circulaban lentamente por el carril derecho, puse el intermitente y cambié de carril. Entonces vi que todos los coches tenían las luces encendidas. Era una procesión fúnebre. Por respeto al ritual, instintivamente solté el acelerador. Mientras rezaba para que este no fuera el tipo de presagio que podría aparecer en una novela, la respiración de mi madre comenzó a volverse fatigosa. Seguí acelerando. Mientras esperábamos al doctor me senté con mi madre detrás del espacio con cortinas y amamanté a Kenji. Los seis meses siguientes fueron un mar ondulante de emociones conmovedoras. La primera vez que Kenji se incorporó solo llenó el aire de exclamaciones de júbilo. Reunidas junto a la ventana, conscientes de que sería nuestra última estación juntas, nos sentimos agradecidas por compartir la visión de la última luna llena del verano, la luna de la cosecha, elevándose sobre el bosque de árboles. Esa luna invitó a nuestro corazón a aceptar la sanación del momento. Atender simultáneamente el inicio y el final de la vida pone de relieve la belleza absoluta.

Cuando Kai tenía cuatro años sabía que la supervivencia de su familia dependía de su silencio. La familia se escondía bajo el suelo de un barco pesquero. A los sesenta y cinco, Kai todavía podía oír las botas de los soldados de la Revolución Cultural china pisando a pocos centímetros de su cabeza. Con manos resueltas, la madre de Kai apretaba con más fuerza el pequeño torso de su hijo menor. Los soldados se marcharon sin incidencias, después de embolsarse dinero en lugar de obedecer a la directiva de limpiar el país de personas como la familia de Kai: personas educadas que habían trabajado duro por la tierra que poseían. La familia de diez miembros (seis niños con edades comprendidas entre los cuatro y los catorce años, los abuelos paternos, un tío y su madre) aterrizó en Hong Kong para iniciar una nueva vida. Durante nueve años llamaron hogar a un piso de dos habitaciones en una cuarta planta sin nevera, agua caliente ni sanitarios. Las manos de su madre, que tenía treinta y tres años, hacían magia todos los días para ofrecerles tres comidas con la miseria que juntaba, y se aseguraba de que sus hijos pudieran vestirse e ir a la escuela. Incluso tuvo la sabiduría de traer una boca más que alimentar, una gatita llamada Dori, que hizo sentir a todo el mundo que había mucho que compartir. Dori, a su vez, hacía payasadas divertidas libremente, llenando el hogar de una risa sanadora. La fuerza tranquila y los modales amables de su madre les inculcaron la conciencia de que eran afortunados.

En 1969, la madre de Kai los llevó a otro viaje, esta vez a la luz del día y en avión. Cincuenta y tres años después, con trece nietos y cinco bisnietos que habían enriquecido la prole, Kai se sentó con su madre de noventa y cuatro años en su casa con vistas al Golden Gate Park. Sujetándole las manos suavemente, empezó a masajearlas mientras un caleidoscopio de recuerdos y emociones le inundaba el corazón y lágrimas de amorosa gratitud corrían por sus mejillas. Al masajearle los pies se sintió abrumado por la incredulidad mientras pensaba en las distancias que aquellos pies habían recorrido para llevarlos a todos a costas seguras donde la familia pudiera prosperar. Como sentía que era imposible amarla y cuidarla tan bien como ella lo había hecho con todos ellos, esperaba que por lo menos ella pudiera sentir la sinceridad del amor, el respeto y el agradecimiento que latían entre sus dedos, que su cuerpo sintiera algo de consuelo y alivio.

Cucharas, flores, mascarillas...
Herramientas cósmicas de compasión.
Los cuidados mueven el barro.

歲月

10 | CRECER

¿Cómo puedo enfocar el envejecimiento como una actividad sanadora?

Preparándose para su jubilación, Tanaka-san y su hijo mayor trabajaban juntos para diseñar un hogar que satisficiera todas sus necesidades crecientes. El arquitecto integró cuidadosamente elementos tradicionales japoneses con comodidades modernas. Las ventanas se colocaron de manera que se sacase el máximo partido de las vistas a un exquisito jardín japonés y se minimizase la visión de las casas colindantes. Cruzar la puerta principal era entrar en un oasis creado concienzudamente. La parte de la casa de estética contemporánea se construyó para su hijo, su mujer y sus dos hijos. Se aseguraron de que el comedor fuese lo suficientemente grande para que Tanaka-san, la abuela, pudiese unirse a ellos a la hora de la cena. Respetando su privacidad y su estética, recurrieron a artesanos de la madera para que crearan una *suite* espaciosa con dos grandes habitaciones tradicionales japonesas con tatamis, una cocina eficiente y un aseo. La ebanistería también estaba hecha con maderas excepcionales minuciosamente talladas y ensambladas con carpintería, no con clavos. Tanaka-san, budista extremadamente devota, había ubicado su altar en un lugar privilegiado. Rodeada de belleza arquitectónica tradicional, podía sentarse a una mesa baja y contemplar a través de los grandes ventanales un jardín con rocas impresionantes y pinos magistralmente podados. Cada detalle se había ejecutado meticulosamente, anticipándose a todas sus necesidades físicas y preferencias.

Después de haber trabajado a tiempo completo mientras criaba a su familia, Tanaka-san estaba lista para saborear los frutos de su esfuerzo. Lo había hecho lo suficientemente bien en el trabajo y como madre para poder proporcionar un hogar y disfrutar de vivir con la familia de su hijo. Sin embargo, no estaba preparada para las emociones que interrumpieron su ensoñación. Nunca se había sentido tan sola. Como escribir poesía la ayudaba a encontrar significado y a sanar, escribió con pincel el siguiente poema:

La soledad no está en las montañas,
no está en la ciudad cuando una persona está sola.
Ocurre cuando una persona está rodeada de mucha gente.

Eran los sonidos los que la hacían sentir sola. Podía oírlos vagamente desde el otro lado de la casa. La familia de su hijo tenía sus propias rutinas establecidas. Mientras que ellos hablaban sobre las actividades del día y planeaban las que llevarían a cabo al día siguiente, asegurándose de que todo el mundo tuviese lo que necesitaba, Tanaka-san era una extraña en su propia casa. Reconoció que era una oportunidad para entender la condición humana de una manera más profunda, y supo que ponerlo en palabras la ayudaría a liberar algo de dolor. Darse cuenta de que otras personas también sentían ese tipo de soledad hizo que no se sintiera sola.

—

Yamaguchi-san reflexionó sobre una época anterior de su matrimonio y su vida en familia. Al principio de su matrimonio aceptó plenamente su papel en su nueva familia. Su marido era el responsable de trabajar fuera de casa para mantener a la familia, y ella era la responsable de trabajar dentro para sustentar a la familia. Ella no pensaba que aquella división tradicional de contribución a la familia limitase su valor. Le gustaba ser la jefa de su dominio. Se enorgullecía de cocinar platos sabrosos y nutritivos y disfrutaba especialmente disponiendo la comida en los platos para que fuese también un placer para la vista. Involucrar a sus tres hijos de forma creativa para que aprendiesen, fuesen considerados y se divirtiesen dio profundidad al significado de su vida. Su existencia era plena. Cuando se hizo evidente que vivir con ellos sería lo mejor para su suegra, el corazón de Yamaguchi-san estaba abierto y comprometido:

> Cuando Obāchan (la abuela) vino a vivir con nosotros me prometí a mí misma que construiría un hogar que sería mejor por tener a mi suegra con nosotros. Quería un hogar en el que estar con ella fuese especial. Quería sacar lo mejor de la

situación. Obāchan era una budista muy devota. Cantaba en el altar todos los días. A todo el mundo le gustaba sentarse detrás de ella y cantar los *sutras* en días especiales como el Obon (Ritos de los Ancestros de Verano) o el Año Nuevo. Era la lideresa. Era el único lugar en el que lideraba en la casa. Nos enseñó a todos muchas cosas. Yo estaba agradecida por que mis hijos hubiesen crecido en un hogar con tres generaciones.

Todo el mundo en el hogar de tres generaciones de Yamaguchi-san llamaba a su suegra *Obāchan*, un término afectuoso que capta el modo en que ella llenaba el hogar de una calidez y una amabilidad entrañables de forma natural. Yamaguchi-san llevó consigo su refinada sensibilidad al matrimonio, y sentía un profundo respeto por el elevado nivel de logros de Obāchan. La abuela había sido un modelo de la personificación por excelencia de la elegancia, la gentileza y la bondad. Siempre hablaba en la forma más respetuosa de japonés *(keigo)*. Sin embargo, en su boca, a diferencia de la forma en que podría sonar en la boca de otras personas, no estaba fuera de lugar en la cocina o en la mesa familiar a la hora de la cena. Su humildad no se manifestaba en apariciones públicas. Reflejaba la base de su belleza y su fuerza. Los niños podían absorber la sabiduría contenida en el dominio ritual de la abuela mientras la trataban con el respeto que corresponde a su edad. Tres generaciones viviendo bajo el mismo techo en armonía es el ideal tradicional de familia en la cultura japonesa.

Sin embargo, el proceso de envejecimiento no siempre es tan prometedor. Las dificultades de cuidar a una persona que degenera gradualmente (físicamente, mentalmente o ambas) a lo largo de los años son acumulativas. Darse cuenta de que una persona mayor ya no es capaz de hacer algo sola es un proceso lento, debido al deseo de todos de que la persona esté fuerte y sana. Cuidar a una persona mayor también es una cuestión de respeto. A veces resulta imperceptible el momento en que el poder cambia y la generación más joven debe ser asertiva y tomar la iniciativa. No existe ningún ritual formal al reconocer este cambio que requiera que todas las partes cultiven nuevas identidades. En esta confusión, la persona mayor a menudo pierde la dignidad, el orgullo y la confianza, mientras que la persona cuidadora suele perder la paciencia. Yamaguchi-san explica la dinámica y los pensamientos que la llevaron al límite:

> En el fondo, ella [la abuela] era una persona bonita y respetuosa. Fue simplemente el envejecimiento. Después de cumplir los noventa ya no era capaz de escuchar los puntos de vista de los demás. [Vivió hasta los noventa y ocho.] Exponía sus propias ideas. Ya no aceptaba lo que los demás decían. Cuando empezó a pasar eso pensé que se estaba haciendo mayor. No había sido la clase de persona que presionaba con sus deseos. Fue entonces cuando empecé a pensar que era duro. Dado que nací después de la Segunda Guerra Mundial, recibí una educación basada en el punto de vista de Estados Unidos, y tenía una idea distinta

sobre la relación suegra-nuera. Ella era una persona Meiji [de otra era], de modo que éramos muy diferentes. Me resultaba difícil simplemente aceptar todo lo que decía. Por ejemplo, la parte suave y frondosa de las espinacas es para los hombres. Los tallos son para las mujeres. Me criaron de manera igualitaria y no me apartaron por ser una niña. Dado que Obāchan no había trabajado [fuera de casa] y había vivido en las montañas, cuando vino a vivir con nosotros era como un trasplante de la era Meiji. ¡Era un alma pura! Confiaba en la gente y era extremadamente educada. Tenía muchas cualidades maravillosas, de modo que no podía mencionar las partes con las que no congeniaba. Me pesaría en la conciencia, pero no dije nada. Escribía en mi diario con fervor. Era una persona a quien podías respetar. Yo quería ser como una esfera [sin asperezas, fluyendo libremente en cualquier dirección necesaria]. Eso era lo que pensaba que debía ser; una mujer debe ser bella, lo que significa no decir nada malo de nadie.

A veces me enfadaba mucho cuando Obāchan insistía en que algo era cierto y yo sabía que no era así. Al final me di cuenta de que era una tontería por mi parte estar enfadada, porque era su demencia la que hablaba por ella. Empecé a fingir que hacía lo que ella decía, y entonces se relajaba. Luego me acostumbré y simplemente le seguía el juego con facilidad. A veces me llevaba a Obāchan al Osu Kannon [un distrito comercial tradicional] para que las dos pudiésemos tomarnos un respiro. Nos ayudaba a ambas cuando estábamos irritadas. Confiaba plenamente en mí. Discutíamos, pero me cogía la mano cuando salíamos. Me animaban las personas que me decían que lo estaba haciendo bien al cuidar de ella. Eso me ayudó a continuar.

Sin embargo, tenía mucha falta de sueño porque venía a despertarme más o menos una vez cada hora todas las noches. Encendía la luz y subía las escaleras. Estaba confundida sobre la hora. Le preocupaba que, si no me levantaba, se me haría tarde para que todo el mundo llegase a tiempo a la escuela o al trabajo. Volvía porque había olvidado que ya había venido antes. También los domingos. A veces ponía algo en la puerta para que no se abriera. Ella no se daba cuenta de que estaba hecho a propósito. Pensaba que había algo que atascaba la puerta, de modo que usaba algo de fuerza para tratar de abrirla. [Risas.] Puedo rezar por ella todos los días porque casi siempre fueron buenos tiempos. Sigo sintiendo que desearía haber hecho esto o aquello por ella, pero no podría haber hecho nada más de lo que hice. Fue duro.

A medida que Obāchan envejecía, pasó de ser la personificación del refinamiento a negarse a cambiarse de ropa cuando estaba sucia por accidentes en el baño, incluso cuando los amigos de su nieto se quejaban del hedor que había en casa. En los hogares japoneses que conservan el enfoque de la pureza basado en el sintoísmo, tal situación parece indefendible. Tras varios años de dificultades, las tensiones y la terquedad alcanzaron niveles sísmicos. Un día, mientras Obāchan se negaba de nuevo a cambiarse la ropa sucia, Yamaguchi-san apuntó con un cuchillo de carnicero afilado a su suegra y lanzó amenazas dirigidas al último gramo de dignidad de la anciana. Yamaguchi-san ejerció el pequeño resquicio de respeto que le quedaba por su querida suegra marchándose de la casa. Aunque dejar sola en casa a una mujer de noventa y siete años con demencia no era necesariamente seguro, era más seguro que haberse quedado. Su paciencia se había agotado hacía años. Ahora su propio control de la realidad se había quebrado. Desesperada, supo que necesitaba ayuda para sí misma, de modo que buscó consejo en una abadesa zen, confesándole que había apuntado a Obāchan con un cuchillo de carnicero.

La abadesa Aoyama escuchó atentamente y no la juzgó. Le mostró que entendía que esas situaciones podían ser muy difíciles. En lugar de usar palabras para una instrucción ética explícita, empleó la escucha y el silencio para empoderar a la nuera para que renovase su compromiso ético en el marco de la ardua tarea de continuar cuidando de Obāchan. Había visto a muchas personas batallando con este tipo de situaciones, personas que por lo demás eran educadas, afectuosas y esmeradas.

No se puede contar aquí la historia completa, y aún hubo que enfrentarse a algunas dificultades, pero Yamaguchi-san tuvo una experiencia transformadora después de que la abadesa la escuchase. Volvió a casa con su familia con una nueva sensación de posibilidad. También empezó a practicar los rituales que le sugirió la abadesa, incluido el uso regular de cuentas de oración *juzu* alrededor de la muñeca a modo de recordatorio constante para estar presente en la «hora del círculo», una frase que Aoyama Roshi usa para referirse al momento presente, sin inicio ni final. Yamaguchi-san empezó a cantar en el *butsudan* (una plataforma o capilla que contiene y protege los símbolos budistas) como había hecho Obāchan todos los días. Los cánticos incorporan la respiración profunda y calman el corazón, la mente y el cuerpo. También empezó a practicar la copia de escrituras *(shakyō)* del *Sutra del corazón*. Con cada trazo meticuloso con el pincel se consigue un efecto calmante. Dado que el pincel revela el corazón, copiar las escrituras también le permitió verse a sí misma avanzar hacia el presente a medida que las frustraciones desaparecían. No es extraño que los trazos al final del *sutra* parezcan más fluidos y elegantes que los del principio. La mano firme necesaria para pincelar los intrincados caracteres del *Sutra del corazón* (muchos de los cuales no son de uso común) ayuda a mantener la mente centrada en el presente. La respuesta inmediata del pincel revela cada vez que la mente se aleja de lo que está justo frente a ella.

Después de esa transición, y desde entonces, cuando Yamaguchi-san tiende la colada intenta no pensar en otra cosa. Simplemente cocina cuando cocina. Además, intenta ver la belleza del momento y divertirse. Una de sus actividades favoritas cuando sus hijos eran pequeños era hacer un conejito de nieve para la mesa del desayuno, en las raras ocasiones en que había nieve, que terminaba con orejas de *nandina* (bambú sagrado) y ojos de frutos rojos, de modo que recuperó esa costumbre. La clave para la sanación de Yamaguchi-san fue que la abadesa Aoyama la escuchara, pero sin juzgarla según algún código abstracto de conducta moral que no sabía nada de sus dificultades. Aunque los rituales que la abadesa le recomendó llevar a cabo eran bastante simples, integrarlos en su vida la ayudó a mantener el equilibrio consigo misma y con su familia, incluyendo a Obāchan.

El arco del crecimiento se alarga continuamente más allá del horizonte de percepción y cognición. El crecimiento implica cambio, pero la naturaleza del crecimiento cambia a medida que vas cumpliendo años. Algunos cambios son sutiles y graduales, como la disminución de la percepción de la profundidad, lo cual hace que resulte progresivamente más difícil conducir de noche. Con un ritmo de transformación lento, los ajustes en la identidad y los ritmos de vida pueden integrarse con el tiempo. Otros cambios son dramáticos y repentinos, como una cadera rota o un diagnóstico grave que requiere un tratamiento de alto riesgo. Estos cambios tan precipitados, desorientadores y aterradores, pueden ser como perder de vista el horizonte al volar. Incluso aquellas personas para quienes el aislamiento no es una realidad grave son muy conscientes de que nadie puede toser por uno, y es más difícil para quienes están solos. Saber que no eres la única persona en una situación no te reconforta con alimentos nutritivos, ni te limpia después de un accidente ni llama al médico si te caes ni te ayuda a amortiguar el miedo. Quienes son lo suficientemente afortunados para tener gente alrededor deben, en muchos sentidos, afrontar las situaciones solos. Enfrentarse a las incertidumbres, las vulnerabilidades y muchas veces la devastación de ese cambio (como aprender a caminar de nuevo a los noventa y cuatro años) implica un crecimiento en la paciencia y la aceptación. Es una invitación significativamente desafiante a entender la condición humana de una manera más profunda.

Tener una capacidad de movimiento limitada puede ser oportuno para darse cuenta de cosas que siempre han estado ocurriendo a tu alrededor, pero a las que no te has parado a prestarles atención. Observa los distintos colores de la hierba o las hojas. Contempla la compleja y decidida actividad de los insectos. Fíjate en el movimiento de las nubes. Puede ser tan maravilloso como una aventura en bicicleta, barco o avión.

También puedes aprovechar el tiempo para regalar cosas, lo cual es un medio para establecer una conexión significativa con otras personas y darles a los artículos una nueva vida. Asimismo, puedes desarrollar una cualidad más profunda de la generosidad organizando el desorden acumulado en el corazón. Quédate con lo que vale la pena valorar y suelta lo que no ayuda al crecimiento.

Gran parte de aliviar la carga implica perdonarse uno mismo y a los demás. El perdón es una forma profunda de aceptación. Implica un cálculo preciso de lo que estaba bajo tu control y lo que estaba más allá de este. Una interpretación generosa de las acciones de los demás implica tener en cuenta las causas y las circunstancias que dieron lugar a sus acciones, siendo siempre consciente de que tú no eres necesariamente el centro de su preocupación. Reconocer tus fortalezas y reflexionar sobre aspectos que son propicios para el crecimiento puede ser energizante y hacerte sentir más seguro de que hay acontecimientos significativos que aún tienen que evolucionar.

Una dimensión importante de lo que las personas cuidadoras pueden ofrecer es reflejar tus fortalezas y tu belleza de nuevo hacia ti. Sin embargo, ser persona cuidadora muchas veces puede ser muy estresante y exigente. Cuidar a personas mayores puede ser una experiencia llena de frustración, porque a menudo la transición para que la generación más joven tome la iniciativa resulta confusa. Una forma de apoyar la dignidad continua de una persona mayor es que la familia o la comunidad lleve a cabo un ritual que exprese formalmente respeto por las contribuciones de la persona mayor y enmarque el cuidado como una ofrenda de gratitud por toda la ayuda que ha brindado a otras personas. Una reunión en la que otras personas homenajean al anciano o la anciana y recuerdan las formas en que las ha ayudado puede ser a la vez conmovedora y sencilla. La referencia consciente de que la generación más joven ha dependido totalmente de la generación más mayor para las necesidades básicas podría ayudar a que las personas mayores sientan que su creciente necesidad de cuidados es una expresión del círculo giratorio del amor.

Tanto para quienes reciben como para quienes brindan cuidados, sintonizarse con la red de apoyo activa bajo la superficie de la percepción, como las raíces de un árbol que tienen la misión constante de buscar fuentes de alimentación del suelo y agua fértil, puede ser un refugio. Puede ayudarte a sentir los ritmos del cambio como un desarrollo natural, no de una manera derrotista, sino como parte de un flujo de causas y circunstancias que incluye aspectos en los que puedes influir y otros más importantes que ni siquiera equipos de expertos pueden controlar. Incluso cuando resulta difícil ver el cambio como un tipo de crecimiento, el crecimiento estremece.

El crecimiento curativo ocurre cuando te paras a reflexionar sobre la belleza de todas las respiraciones que has hecho y compartido con otras personas, incluso si actualmente tu respiración está comprometida. Ampliar tu campo de atención puede poner de relieve el sinfín de fuerzas de crecimiento alentadoras en acción, como la luz solar estimulando a los vegetales para que absorban nutrientes esenciales del suelo; los árboles extrayendo dióxido de carbono y produciendo oxígeno; la gravedad que facilita que caminemos, bailemos y durmamos en una cama... Tomar conciencia de ello puede transportarte a un cálido estanque de gratitud, un lugar donde las cosas más pequeñas pueden bañarte en un manantial de alegría absoluta.

De este modo, tú, tu familia o tu comunidad podríais afrontar los inevitables desafíos que implica cuidar y avanzar con una paz que fluye desde el reconocimiento profundo y la aceptación expresada.

Alcanzando el cielo,
creciendo en silencio con fuerza,
resiste una secuoya.

優

11 | EL DUELO

¿Qué rituales sanadores me ayudarán a superar las etapas de duelo?

Aquella tarde fría y gris en Nashville, después de meses de oír el zumbido de la máquina de oxígeno que le proporcionaba un alivio continuo a mi madre, un vacío de silencio llenó su dormitorio. Aunque sabía que iba a morir pronto, cuando estaba en el umbral entre la vida y la muerte sentí que un movimiento en falso nos enviaría a un abismo de desesperanza. De hecho, los últimos meses habían supuesto un miedo constante a tomar medidas equivocadas que se había prolongado en el tiempo: demasiada morfina o muy poca; hablar demasiado o no lo suficiente; poca agua o demasiada. Pero esta vez ninguna enfermera o médico del hospital podía aconsejarme nada.

De repente, todos los cuidados paliativos que habían sido fuente de consuelo parecían extremadamente fuera de lugar. Con manos temblorosas de incredulidad, limpié la mesita de noche de los viales de morfina líquida de color aguamarina, el ungüento contra las náuseas que se aplicaba detrás de la oreja y las esponjas rosadas en forma de estrella para retirar la mucosa pegajosa de la lengua. Entonces lo definitivo del momento me invadió. ¿Cómo asegurarle un paso seguro por esta peligrosa transición? Kitō Sensei me había dicho que la llamase. La anciana monja zen nos había ayudado a mi madre y a mí a lo largo de los últimos nueve años, aplicándonos generosamente su bálsamo sanador de compasión. Gracias a Dios que estaban en mitad de la noche en Japón. Aunque dedica largos días a ministrar a otras personas, a las 3.45 estaría en su viejo templo de madera, donde cultivaba las semillas del árbol Bodhi que había traído de la India. El teléfono inalámbrico que tenía en la mano era un salvavidas. En mi cabeza tenía claro que los rituales zen reconocen a las personas fallecidas como un buda, pero fue Kitō Sensei, en su sala de oración sin calefacción a dieciséis mil kilómetros de distancia, quien me guio a través de aquellos momentos aterradores y confusos.

Confiando en que ella sabía qué hacer, seguí sus instrucciones para llevar a cabo el ritual de enviar de forma segura a una persona a su viaje hacia la muerte. A toda prisa, frenética por tratar de manera apropiada a nuestro nuevo buda, encontré el quemador de incienso de bronce con flores de ciruelo, varillas de incienso de sándalo reservadas para reverenciar a los budas, una vela blanca y una figura sencilla de Kannon, la diosa de la compasión, tallada en madera, y añadí, además, unos crisantemos blancos que tenía a mano, en previsión de que pronto serían necesarios. La mesita de noche se convirtió en un altar mortuorio. No habían pasado más de diez minutos desde que mi madre había exhalado el último suspiro. Mientras ofrecía una varilla de incienso en su honor, vi que su rostro se había relajado con la sonrisa apacible que tantas veces había visto en imágenes de budas. Nuestra relación se estaba transformando ante mis propios ojos. «¿Eres mi madre?»

Cuando puse el incienso en el quemador me fundí en una con todas las personas que habían hecho lo mismo antes. En el momento que amenazaba con ser el más solitario de mi vida experimenté, en su lugar, una conexión profunda con todas las personas dolientes en un pasado distante y un futuro profundo. No estaba sola. Me apoyaban todas las personas que habían perdido a un ser querido. Kitō Sensei nos había guiado de forma segura a través de esta transición crucial con una sabiduría que trascendía las barreras del espacio, el tiempo, la vida y la muerte. En ese momento mi comprensión del poder curativo del ritual se convirtió en una realidad visceral.

—

Suzuki Kazuken Roshi fue un maestro zen y profesor de Estudios Budistas. Buscando su sabiduría, asistí a las ardientes charlas sobre *dharma* que impartía después de la recepción de un diagnóstico de cáncer terminal. Cuando le pregunté qué entendía por sanación proclamó con urgencia: «Debes tomar la muerte como el punto de partida para entender la sanación». Me tomé su enigmática enseñanza como un *kōan*[1] que me ayudaría a liberarme de engaños dualistas. Décadas más tarde he llegado a ver la sanación que implica la muerte. Las formas de vida no solo comparten la certeza de la muerte, sino que la muerte también nos sustenta y nos conecta de manera directa. Nuestro cuerpo es un monumento a nuestros antepasados. Nuestro cuerpo encarna los restos de las explosiones estelares que engendraron el hierro que corre por nuestras venas y vivifica nuestra conexión con antiguas fuerzas cósmicas. Nuestro cuerpo, nutrido por materia descompuesta transformada por la tierra, se sustenta en la muerte. La muerte, que es, fundamentalmente, una actividad compasiva que alimenta la vida, afianza nuestras conexiones más profundas. De este modo, la muerte da origen a la sanación.

Las inmersiones en el centro del dolor son los momentos naturales en que las actividades curativas prosperan. La sanación moviliza nuestra desesperanza más intensa y nuestros valores más elevados. La curación ocurre en el espacio en que se encuentran el miedo y el amor.

El duelo consume una energía inmensa. Se mueve a través de ritmos variados y aparece en diversos matices emocionales, desde la desesperación hasta la delicadeza. El duelo no sigue un camino

1. Un *kōan* es una herramienta del budismo zen que consiste en una breve historia, un diálogo o una pregunta que el maestro plantea al alumno para comprobar sus avances. *[N. de la T.]*

recto. Regresa, permanece latente, estalla de repente. Te retiene, reaviva viejas heridas, derrumba muros de ira y libera angustia. Aunque el duelo es ondulante y siempre cambiante, los dolientes comparten la penosa realidad de perder algo o a alguien. Todas las pérdidas requieren ajustes; tanto si se pierde un trabajo como movilidad, confianza, salud, una casa o a una persona que ha muerto, el duelo se basa en la transformación. Gira en torno a la integración y la aceptación profunda. Todas las fases del duelo implican cambios y decisiones. Algunas son intensas y repetitivas; otras, sutiles y tranquilas. El duelo nunca termina del todo, aunque normalmente cede en su control sobre ti a medida que forjas nuevas formas de interactuar con el presente.

Navegar por la pérdida es una actividad difícil y no deseada. La pérdida es un momento en que el apoyo de otras personas es beneficioso, aunque no siempre está disponible. Incluso cuando tienes apoyo a mano, una pérdida significativa aún provoca dudas, indaga en la identidad y cuestiona la competencia, el significado y el valor. Ya sea repentina o gradual, perder la capacidad de mantener a los demás o satisfacer tus propias necesidades básicas requiere una adaptación. Recibir cuidados implica ajustar tus expectativas sobre ti mismo. Ofrecer cuidados es un ejercicio de paciencia y bondad que muchas veces implica modificaciones en el ritmo diario de la vida y las expectativas de la relación.

Al cuidar a alguien que está pasando un duelo, incluido tú mismo, abre los sentidos del corazón. Nota cómo la luz que fluye desde el cosmos brilla en tus ojos, te calienta la voz y brilla con tus movimientos. Observa cómo los músculos y los huesos te proporcionan un soporte estructural, ya sea mínimo o robusto. Inhala con gratitud antes de hablar. Exhala amabilidad amorosa mientras escuchas. Inhala la belleza de la red de interconexiones. Exhala alegría en paz. Llora respiración a respiración.

—

Umemura-san se une a infinidad de personas que escriben poemas sencillos en silencio para expresar la realidad del momento, especialmente cuando estás cabalgando las olas del duelo. La calidad literaria no es el objetivo; más bien se trata de utilizar la poesía para almacenar momentos preciados en el corazón. El hecho de que la madre de Umemura-san la hubiese abandonado al nacer había sido una fuente de dolor intenso y duradero para ella, aunque había intentado mantenerlo oculto. Al saber que su madre biológica estaba a punto de morir, con emociones tensas decidió estar a su lado. Al reflexionar sobre el décimo día antes de su fallecimiento, Umemura-san pudo finalmente ver a su madre con claridad.

Gratitud que fluye de ella,
diez días antes de partir,
la satisfacción de mi madre biológica.

Ver la satisfacción de su madre biológica ayudó también a Umemura-san a sentir cómo la gratitud cura viejas heridas.

Como es tradición en Japón, se quedó con su madre la primera noche después del último aliento, ofreciendo incienso hasta el amanecer. Mientras Umemura-san vestía a su madre de blanco, las emociones recorrían la infinita quietud de la oscuridad.

Una noche fugaz de vigilia pasajera,
en la pura tranquilidad,
cojo la ropa blanca,
incapaz de detener el sufrimiento de la enfermedad;
lágrimas purificadoras.

Como resultado de la impermanencia, Umemura-san se acurrucó en el umbral de la muerte. La poesía la ayudó a entender las conexiones que la acogían en lo más profundo de su ser. Allí encontró lo que había buscado durante aquellos años de dolor: la fortaleza que se obtiene al estar agradecida. Sus poemas trazan su camino de duelo sanador.

Un trueno estentóreo me rompió el corazón cuando vi la lengua vivaz de mi perro pasar del rosa al morado en microsegundos. No puedo dejar de ver (y mucho menos deshacer) este trágico desgarro en el tejido de la vida. Me atravesaron oleadas de dolor al sentir que su dulce amor me invitaba a amar incluso más profundamente. Su transformación en pura energía nutre el jardín de mi corazón, conectándome a seres que también conocen el sufrimiento particular de la pérdida repentina e inconcebible. Inclinarme al sufrimiento me lleva a un nivel de conciencia más profundo de la naturaleza de la existencia, a las emociones crudas que se agitan. Las ilusiones se han extirpado, porque estas malas hierbas en el corazón no son lo suficientemente fuertes para mantener su control mientras toda la fuerza de la conmoción, la ira y el vacío emergen de mí, despejando un camino a la conciencia de la naturaleza transitoria de la realidad fenoménica. Siento un dolor punzante a medida que la belleza de una forma se vuelve más emotiva en su deceso. Ahhh, otros han recorrido este camino antes. Ahora puedo ver los rastros del dolor en lo más profundo de sus ojos, en la forma en que miran el mundo que los rodea...; una ternura consciente, una fuerza tranquila, una paz que habita bajo las tormentas en la superficie de la realidad.

Charlie y Sarah estaban eufóricos con el embarazo de su segundo hijo. Dado que habían asistido muchos partos, cuando el trabajo de parto empezó ocho semanas antes de lo previsto supieron que debían correr al hospital más cercano. La situación justificaba el traslado no solo a una habitación más avanzada tecnológicamente, sino también a un hospital de alta tecnología, el hospital de la Harvard Medical School, al otro lado del río Charles. Sati Cecilia Emerson Pokorny era tan pequeña que atravesó una oleada de líquido amniótico desde el útero hacia el mundo. Sin embargo, ni siquiera toda la experiencia médica de primer nivel pudo lograr que sus pulmones llenos de líquido transportasen por sí solos suficiente oxígeno a su pequeño cuerpo. Recurriendo a la profundidad de su práctica espiritual mientras se equilibraban en el umbral de la vida, supieron que esos valiosos momentos serían los únicos que tendrían para sostener su pequeño cuerpo. La familia se reunió para verter toda una vida de amor en la preciosa Sati. Sarah le susurró sus sueños de momentos que podrían haber compartido cuando ella creciese; algunos divertidos, otros tiernos. Sentir el agarre de sus dedos diminutos hizo que la pureza del amor de Sati quedase impresa permanentemente en su piel.

Instintivamente, Sarah cosió a mano dos minivestiduras *(rakusu)* iguales con tela de lino rojo. Cada puntada estaba imbuida de la profundidad del amor por las prendas y los disfraces de Halloween de la infancia. En la parte inferior del uniforme escribieron: «Queridísima, tú eres el mejor regalo. Nuestro amor es pleno y eterno». En la tradición zen, la vestidura es un símbolo de éxito en el camino de la iluminación. En el budismo zen, un funeral emula una ceremonia de ordenación en la que el silencio del ordenando se considera una prueba irrefutable de que la puerta trascendental de la sabiduría iluminada está abierta. Para preparar a su hija para el viaje de retorno a las aguas primigenias, Sarah colocó una de las vestiduras sobre el cuello de la bebé Sati (un vínculo material) antes de que se entregase a los fuegos liberadores que transformarían su cuerpo. En el altar de su casa colocaron la otra vestidura alrededor de la estatua del *jizō bodhisattva*, un ser conocido por guiar compasivamente a los seres a través de los umbrales. Aprovechando el poder transformador del fuego, quemaron incienso para hacer flotar un puente de gasa que conectaba su corazón con el de sus padres. Sarah y Charlie se unen al coro de innumerables seres que cantan ofrendas de las escrituras, aromatizando el mundo con su amor.

Las olas menguan y fluyen
a través de un mar primigenio.

La vida forma.
La muerte reforma.
La sabiduría transforma.

La compasión concibe.
¿Quién era yo antes de nacer?

En la cultura japonesa, en un año en que fallece alguien de la familia la pérdida se llora no participando en el intercambio ritual de tarjetas de celebración que marca el nuevo año. Al no mandar ni recibir ninguna tarjeta la comunidad expresa comprensión y apoyo por los ritmos del duelo. Es la ausencia de una tarjeta lo que ayuda a las personas a sentirse más íntimamente conectadas ante una pérdida importante.

Cuando Kenji tenía dos años vivíamos en Nagoya. Durante el Obon, los rituales veraniegos para dar la bienvenida a los antepasados, pudimos conseguir dulces tradicionales japoneses que no podíamos comprar cuando vivíamos en Estados Unidos. Con sensación de placer los coloqué en el plato fino de madera reservado para los antepasados que regresaban y le pedí a Kenji que se los diese a Obāchan. Fue a nuestro altar improvisado, hizo sonar la campana y luego dijo cariñosamente: *«Dozo, tabete»* (Por favor, come). Nos divertimos mucho esos tres días en que Obāchan nos «visitó». Aunque yo me resistía a dejar ir a la abuela, los rituales exigen enrollar las flores y los platos de ofrendas especiales en un mantel individual de hierba, atarlo en forma de barco y despedir a los queridos ancestros.

Después de la cena del tercer día, guiada por el ritual, fuimos al templo y arrojamos el barco a la hoguera que despedía a los antepasados. Actualmente, los canales ni siquiera tienen capacidad para admitir los restos orgánicos de las ofrendas, de modo que muchos templos usan la potencia del fuego en lugar del agua. Paseando por los terrenos del templo iluminados por el fuego, con todo el mundo haciendo una leve reverencia al pasar junto a otras personas a lo largo del camino, quedaba claro que no éramos los únicos que habían tenido que decir adiós a un ser querido. Participar en estos rituales nos ayudó no solo a integrar la pérdida de Obāchan en nuestra vida, sino también a sentirnos integrados de una forma más íntima en la comunidad humana.

Existe un antiguo ritual budista japonés de la muerte que contiene una profunda sabiduría sanadora en la forma en que te guía amorosamente en tu paso hacia la muerte, haciéndose eco del paso del nacimiento. Mientras estabas en el útero, el cordón umbilical te proporcionaba alimento procedente del cuerpo de tu madre, a quien a su vez alimentó su madre, a quien a su vez nutrió su madre, y así sucesivamente. El cordón umbilical te amarraba a millones de años de crecimiento y descomposición orgánicos, y también a la fuente de la vida. No estabas solo en el útero. La muerte, no obstante, puede ser un paso solitario, puesto que el cambio radical te libera de lo familiar. El ritual japonés de la muerte empieza colocando cintas en las manos de la persona que está tumbada en su lecho de muerte. Los otros extremos de las cintas se anclan a una imagen del buda Amida, el buda de la luz y la vida infinitas. El ritual representa la enseñanza de que Amida te acompañará para que renazcas en la Tierra Pura, un útero que ofrece todo lo que necesitas para alcanzar la iluminación. Las cintas funcionan como un cordón umbilical, un conducto hacia la fuente de vida infinita.

Aunque solo puedo suponer el consuelo que siente una persona al morir de esta forma ritualizada, ya he preparado algunas cintas y le he dejado instrucciones a mi hijo para que coloque junto a mi lecho de muerte a la diosa de la compasión que elegimos cuando él era adolescente. Por supuesto, no se conocen las circunstancias de mi muerte, pero el simple hecho de tener una visión de cómo podría ritualizarse la transición proporciona algo de consuelo. Además, mi hijo no tendrá que preguntarse qué hacer cuando llegue el momento. No es que crea que renaceré en una Tierra Pura, pero ya sé que hacer algo tangible para recordarme a mí misma que no estoy sola aumenta las posibilidades de un paso más apacible. Me animará recordar que cuento con el apoyo de una gran red de actividad interdependiente. Un buda Amida o Kannon no tendría sentido cultural para todo el mundo, pero es fácil imaginar que las cintas de alguien podrían atarse a una roca recogida en una de sus rutas favoritas, una concha de oreja de mar, un árbol junto a la ventana, una estatua de la Virgen María o de Jesús, un texto sagrado, una pluma de un halcón o cualquier cosa que tenga significado para esa persona.

Otro ritual japonés, en este caso de cremación, conecta personas a través del umbral de la vida y de la muerte de una manera sombría y palpable. Los más allegados a la persona fallecida llevan a cabo el ritual en el crematorio, colocando en una urna los huesos que no se han convertido en cenizas. Este ritual sin adornos requiere que se trabaje en armonía. Dos personas, cada una con un par de palillos, colocadas en lados opuestos de la tarima, eligen un hueso. La presión al agarrar, el ángulo de sujeción y la velocidad de movimiento deben calibrarse minuciosamente para disponer con éxito y de manera respetuosa el hueso del ser querido en la urna. Si una persona agarra el hueso con demasiada presión o en el ángulo equivocado o lo mueve demasiado rápido, puede resbalar. Se precisa un alto nivel de coordinación para llevar a cabo con éxito esta delicada tarea. Todas las personas reunidas cooperan en diversos emparejamientos para reunir los huesos. Este ritual puede reparar divisiones y suavizar los daños colaterales que se generan tras la muerte de un ser querido. Ayuda a los dolientes a establecer una conexión personal entre sí, que se extiende más allá de los lazos que los unían por medio de sus respectivas relaciones con la persona fallecida.

Presenciar cómo un ser querido cruza el umbral de la vida es algo trascendental. Muchas veces catapulta a una persona a una temporada de dolor punzante. Cada persona hace el duelo de una forma que expresa su relación única con el difunto o la difunta y las circunstancias de su vida. A medida que las oleadas de dolor las abaten, a veces desequilibrándolas, muchas personas descubren que tener un lugar donde sentarse con una fotografía, un mechón de cabello o un objeto que consideren valioso las ayuda a afrontar la transformación radical. Un altar doméstico puede ser un lugar designado para que quienes están pasando un duelo puedan integrar la pérdida en los ritmos de la vida diaria. Decir «buenos días», «buenas noches» o cualquier cosa que requiera expresión (ira o gratitud, pedir u ofrecer perdón) a la persona fallecida no es necesariamente apego o delirio. Puede hacerse como un acto de amor.

Más de una persona me ha confesado que su relación con alguien que ha fallecido es mejor que cuando la persona aún estaba viva. La muerte ha purificado la escoria generada por la falta de comunicación y los malentendidos. Un altar en casa también puede ayudar a los afligidos a fomentar una relación entre un niño y personas mayores con quienes nunca ha vivido, lo cual es un conducto para recibir su sabiduría, apoyo y amor. De este modo, la persona fallecida puede amortiguar las dificultades y amplificar las alegrías. O, en el caso de alguien que viva solo (tal vez tras haber perdido a miembros de su familia por muertes o disfunciones), los rituales de interacción con significado en el altar doméstico pueden reducir drásticamente la soledad y la depresión. Recordarás a Honda-san, la mujer a la que conocí en mi peregrinación y que grita *«Tadaima!»* (¡Ya estoy en casa!) cada vez que entra en su hogar. Aunque siente el apoyo que conlleva participar en rituales en un altar en casa dirigidos a sus padres, sostiene que «el verdadero ritual conmemorativo es vivir bien», y muchas veces se pregunta a sí misma: «¿Estás viviendo de modo que no importe que mueras en cualquier momento?».

«El agua no desaparece, simplemente se mueve», dijo un maestro zen en un funeral al que asistí. Esta observación subraya que el apoyo fundamental circula constantemente a nuestro alrededor y a través de nosotros. «La luna se apaga, pero no abandona el cielo», dijo otro maestro zen. Esto nos recuerda que no podemos percibir todo lo que está pasando. Aunque las apariencias cambian, la dinámica de la transformación continúa. Darse cuenta de que la muerte no puede romper nuestras conexiones puede alimentarnos el corazón a medida que atravesamos las fases del duelo.

Un corazón afligido es tierno. Cuando estamos en un momento de sensibilidad aumentada, incluso las cosas más sutiles pueden percibirse de manera muy vívida, ya sean dolorosas o placenteras. Abrir delicadamente los sentidos del corazón doliente puede llevar belleza a nuestras heridas. Tu corazón puede empezar a ver las semillas que han plantado quienes ya han fallecido, con lo que su energía vital se prolonga de nuevas maneras. Si escuchas atentamente, la música que crearon con su vida resuena en el viento y flota en las ondas del canto de un pájaro. En otoño puedes compartir el sabor de las cosechas; en verano, bayas dulces. Un corazón poroso puede oler la fragancia de sus cualidades vitales perdurables. Sentir cómo se entreteje la muerte en la trama de la vida puede facilitarte afrontar tu propia desaparición. Después de la muerte todos nos transformaremos de manera que ofrezcamos energía favorable. El duelo ayuda a que tus huesos perciban la belleza más profunda que sustenta la vida.

Las lágrimas llueven sobre el corazón reseco, preparándolo en silencio para que se agite con una vida nueva. La niebla que te deja perdido y luchando por sentir un significado y un propósito se filtra en el tejido hecho jirones de la vida, remendando con delicadeza los hilos. Al final puede que encontremos un tapiz recién bordado, más fuerte justo en los puntos que se habían deshilachado. A medida que la pérdida se integra en diferentes etapas de la vida, se transforma en alimento que nutre el corazón a partir de fuentes más profundas de sabiduría y comprensión. El duelo es un catalizador para la sanación. El duelo curativo esculpe el paisaje de tu corazón de formas que abren caminos más profundos de conexión con los demás.

Cascada de lágrimas
que fluye con el tuétano de la vida.
Los corazones se reúnen debajo.

美

12 | EMBELLECER

¿Qué belleza me mueve a oír, ver, saborear, tocar, oler y pensar con más amor?

Oculta tras su elegancia, Nagai-san escondía una pérdida desgarradora. Durante la Segunda Guerra Mundial, un momento de escasez extrema de comida y empleo, sus dos hermanos mayores dijeron que habían encontrado trabajo y se marcharon de casa. Un vecino los encontró debajo de un puente. Para ayudar a que el resto de la familia pudiese comer se dejaron morir de hambre. La muerte de sus padres se aceleró al sobrevivir a dos de sus cinco hijos. Como sus padres ya no estaban para ocuparse de ella, la hermana mayor de Nagai-san, enferma mental, se suicidó. La hermana menor de Nagai-san pasó por un matrimonio concertado después de su divorcio. Al volver de su luna de miel fue a confesarle a su hermana mayor que creía que algo andaba mal en su nuevo marido. Nagai-san le aconsejó que tuviera paciencia, porque el matrimonio implica tomarse un tiempo para adaptarse a las maneras de la otra persona. Unos días después llegaron unos detectives para informarla de que su hermana había sido asesinada por el hombre con el que se acababa de casar. Nagai-san se convirtió en la única superviviente de una familia que había llegado a ser de siete.

Décadas más tarde estaba de pie en una prestigiosa galería de un museo, contemplando una pintura. Al fijarse en la expresión de una madre pata que miraba atrás hacia su prole de cinco que nadaba tras ella, los años de dolor empezaron a derretirse. Tres de sus patitos se acurrucaban en el medio. Un patito aventurero ponía a prueba los límites de su estela, dispuesto a generar sus propias ondas de protección amorosa. El quinto patito se había quedado rezagado, muy atrás. Siempre luchando por continuar, por sentirse lo suficientemente bien, Nagai-san se identificaba con aquel patito. No era la única que se preguntaba si no era digna, pues aquel artista lo había retratado a todo color. Al ver que aquel patito que era su alma gemela no era menos amado que el resto, Nagai-san despertó y comprendió que también ella había albergado amor todo este tiempo. Finalmente pudo sentir una lluvia de amor en la forma en que las flores le brindaban alegría, los alimentos de la tierra la nutrían, los profesores la escuchaban y los amigos se preocupaban. Empezó a ver todo el amor a su alrededor y a disipar la oscuridad que la había perseguido. El amor expresado en una pintura la ayudó a ver más allá de su dolor y a observar el mundo con el corazón.

El artista Iwasaki Tsuneo no sabía que su pintura tendría tal poder curativo en Nagai-san, pero sí tenía la intención de que todos sus cuadros fuesen una oración para sanar. Como veterano de la Segunda Guerra Mundial que había visto y experimentado un sufrimiento tremendo, abordaba la pintura como un ritual curativo. Encendía incienso y cantaba versos de las escrituras antes de empezar a pintar, rezando para que sus cuadros tendiesen puentes al corazón de las personas. Tanto sus oraciones como las de Nagai-san tuvieron respuesta. Su conexión sanadora por medio de la belleza inició una corriente de belleza curativa. Fue su grandiosa asociación la que plantó la semilla para que sus cuadros, asombrosamente bellos, se pudiesen ver mucho más allá de una exposición de cinco días en un museo japonés. El hecho de que yo pudiese estar presente durante su reunión fue una bendición conmovedora por sí misma. De manera muy oportuna, mi relación con el artista evolucionó en el profundo honor de escribir *Painting Enlightenment*, un libro dedicado a las pinturas sanadoras de Iwasaki Sensei.

Aunque esta historia es distinta en sus detalles, no es extraño que la sanación abra nuevas vías que resuenen en formas mejores y más allá de lo que podría haberse anticipado. La mayor parte del tiempo no resulta tan claro ni dramático como en esta ocasión, lo cual dificulta seguir el camino. No obstante, no es difícil imaginar el torrente de sonrisas que fluyen a lo largo de un día, una escuela, una ciudad. Una de esas sonrisas podría arrojar un rayo de belleza sanadora en una persona perdida en un silo de soledad. Merece la pena intentarlo, incluso si nunca se sabe hacia dónde viaja la sanación.

La caligrafía con pincel es una forma de arte muy apreciada desde hace mucho tiempo en el este de Asia por la forma en que refleja visiblemente el sistema cuerpo-corazón-mente de quien maneja el pincel. Kimura-san participa en este arte contemplativo ritualizado porque revela una visión cada vez más profunda de las fluctuaciones de su corazón. La ayuda a aceptar sus circunstancias y diluye poco a poco su resistencia a cosas que inicialmente no le gustan o no quiere. Cuando lo hace nunca deja de conmoverse al sentir que una brisa suave acaricia sus preocupaciones para que se marchen. El propósito de su práctica no es escribir de forma bella, aunque muchas veces es un resultado colateral.

La práctica ritualizada comienza con la elaboración de la tinta. Kimura-san coge la barra sólida de tinta negra redondeada por los años de uso y la sumerge en un depósito de gotas de agua que ha acumulado en su paleta de piedra, tallada y pulida expresamente para servir a la persona que practica la caligrafía. Sosteniendo la barra de tinta en la mano derecha, la presiona hacia abajo mientras lleva gotas del agua estancada hacia la superficie plana y lisa de la piedra. Para licuar la tinta sólida sabe que frotando suave, lenta y rítmicamente y ejerciendo una presión moderada se obtiene una solución de tinta excelente. La tinta oscura y espesa requiere determinación y, por tanto, es señal de resistencia y poder. Demasiada agua y solo un breve roce de la barra de tinta resulta en una tinta tenue que a menudo indica fatiga, desesperación o miedo. Mientras frota la barra de tinta en el agua sobre la piedra puede ver la calidad de la tinta que está produciendo. El reflejo de su sistema cuerpo-corazón-mente podría empujarla a reducir el ritmo y relajarse o a prender la llama de la determinación para no darse por vencida. No hay lugar donde esconderse. La elección es suya.

Con qué profundidad inserta el pincel en la tinta y qué cantidad elimina sobre la superficie lisa de la piedra determina la calidad y la naturaleza del color que envuelve los pelos del pincel. Cada pelo del pincel es un instrumento delicado que sintoniza con sus emociones más sutiles y su más mínimo giro de pensamiento, que se hace visible mientras mueve la tinta por todo el papel. Tanto si está triste y cansada como si está impaciente por su dolor, todo queda al descubierto en la página. Si está animada por una profunda gratitud por tener un día más de vida, o suavizada por la compasión, el fluir de su pincel revela una calidad de movimiento más profunda. El pincel solo registra lo que ocurre en el momento presente. Por tanto, una línea de caracteres refleja la secuencia y los cambios en las emociones y los pensamientos a medida que avanzan en el tiempo. En cada momento de su práctica estética, Kimura-san recibe una respuesta inmediata sobre la condición de su sistema cuerpo-corazón-mente, lo cual estimula decisiones y ajustes a lo largo del camino. Cuando ve cómo se revela su corazón a través de la mano invariablemente elige avanzar hacia una paz más estable aceptando la realidad sin resistencia.

—

Como vimos en el capítulo anterior, escribir poemas después de la muerte de su madre ayudó a Umemura-san a encontrar algo de paz. Sin embargo, las heridas internas del abandono de su madre habían forjado parte de su identidad durante tantas décadas que continuaban afectando a su proceso de duelo; su corazón palpitaba por el amor de su madre. Un encuentro con una flor de ciruelo le inundó el corazón angustiado de una experiencia transformadora de amor. En la cultura zen japonesa las flores de ciruelo encarnan el ideal de ser lo suficientemente fuerte para ser amable en condiciones difíciles, puesto que sus tiernas flores emergen cuando el invierno da paso a la primavera. Con animado júbilo, Umemura-san me explicó su experiencia:

> Mientras iba en bicicleta al trabajo un día frío de febrero en que estaba nevando vi el brote de una flor de ciruelo. Pensé en toda la energía que el brote estaba ejerciendo para florecer incluso en invierno. No es solo la energía del brote, sino también la del universo trabajando para hacer florecer esa flor. ¡El mundo está trabajando duro para activarla! ¡También se está esforzando por mí! En ese instante me sentí arropada por esa energía.

Observar el diminuto brote de ciruelo en la nieve le abrió los ojos a Umemura-san para ver la naturaleza del universo. De repente se dio cuenta de que ella también estaba respaldada por el universo. La flor le enseñó cómo este funciona con una coordinación compleja para dar lugar a la floración del ciruelo y, por lógica, también para sostenerla a ella. Empezó a sentir cómo la compasión fluía por el universo, incluyendo la energía de su madre. Las cadenas de ira que le habían constreñido el corazón desaparecieron cuando finalmente se sintió amada. La alegría y la gratitud la impulsaron hacia delante.

La *sakura*, la flor del cerezo japonesa, es otra flor que ofrece sabiduría. Ha aparecido en la poesía y la pintura japonesas durante siglos y se especializa en la belleza de la impermanencia. Las delicadas flores *sakura*, que aparecen antes de que regresen las hojas, son luminosas. Sin embargo, solo duran unos pocos días. Su belleza apela a un ejemplo de cómo afrontar la incertidumbre, especialmente el peligro, porque cada primavera florecen con pasión ardiente a pesar de su inminente desaparición. Su valentía a la hora de ejercer todo su potencial hace que su belleza sea aún más conmovedora. Cuando puedes ver la belleza en la impermanencia, los engaños se disuelven, la ira no tiene un lugar donde agarrarse y el sufrimiento afloja sus tenaces garras. Las *sakura* son un ejemplo de no preocuparse por el futuro para embellecer el presente.

La belleza nos invita a centrarnos en el momento presente. Al incitarnos a que nos demos cuenta de lo que está ocurriendo aquí y ahora, se nos instiga a tener relaciones más profundas con nosotros mismos, nuestros seres queridos y nuestro mundo. Cuando se está en presencia de signos de belleza es seguro abrirse, aunque puede ser aterrador. Nos sentimos vulnerables, expuestos, incluso avergonzados. Hace falta coraje para abrirse. Aunque nuestras circunstancias difieren, todos experimentamos dolor, dudas y miedo. Cuando no nos importa la sanación diaria, las experiencias negativas pueden calcificarse y formar ladrillos con los que podemos construir muros en el corazón (y muchas veces lo hacemos). Las barreras pueden parecer protectoras a corto plazo porque nos resguardan de toda la fuerza de la miseria, pero nos dejan varados. Restringen nuestra visión de nosotros mismos y del mundo. Una perspectiva reducida distorsiona lo que está sucediendo, haciendo que sea fácil «ver» lo que confirma nuestros miedos. Entonces podemos sentirnos amenazados, lo cual intensifica el miedo y a veces incluso genera odio hacia nosotros mismos y hacia los demás. Con el tiempo empezamos a pensar que eso es todo lo que hay. Mientras estamos escondidos tras las barricadas nos desconectamos de los demás y perdemos el contacto con la mayor parte de la realidad a nuestro alrededor. Ignorar o negar la realidad aparta el amor profundo e impide la sanación liberadora.

El poder más potente de la belleza es disolver las obstrucciones que bloquean tu perspectiva desde la plenitud de donde estás.

Al aceptar la invitación de la belleza a abrirte, tus sentidos, amplificados por los sentidos del corazón, pueden ayudar a estimular la conciencia de lo que realmente importa. Todos queremos no sufrir y permanecer en el amor sanador. El amor, como todas las actividades, tiene lugar en el presente, lo cual significa que puedes activarlo en cualquier momento. Siempre está disponible. Aunque el pasado creó las bases del presente y el futuro está lleno de posibilidades, no podemos volver atrás y amar mejor ayer, del mismo modo que no podemos cortar zanahorias con amor mañana para la sopa de hoy. Nuestros sentidos, incluyendo los de la mente, son nuestros portales al aquí y ahora y, por tanto, al amor. No importa lo que estés haciendo ahora; puedes elegir moverte con amor. La belleza nos empuja a ver que todos merecemos amor, a escuchar el hermoso corazón latir bajo la armadura del miedo. La belleza nos llama a abrirnos, a conectar, a amar.

Si te aferras a las señales de la belleza que hay a tu alrededor, puedes embellecer tu vida activamente. El ingrediente secreto para embellecer cualquier cosa es abordar lo que sea que hagas con amor. Embellecer implica expandir tu perspectiva y permitirte crear amplitud y una sensación de seguridad, de modo que puedas ver las cosas en un contexto más amplio. Embellecer diluye las divisiones y enfatiza dimensiones más profundas de nuestras relaciones. Para expandir tu perspectiva puedes incrementar tu campo de interés. Puedes empezar contigo mismo y estar en contacto con tus propias necesidades y después avanzar en círculos concéntricos, añadiendo cada vez más relaciones, seres queridos, compañeros de trabajo, dependientes de tienda, granjeros que cultivan la comida que hay en tu plato, etcétera. Con cada expansión de tu campo de interés busca ver, sentir y escuchar la belleza que hay en él. Cuando eres capaz de ver su belleza, puedes conectar de manera más profunda. Puedes adquirir una conciencia exquisita de interrelación mientras haces actividades del día a día; es decir, ver, saborear, tocar, oír, oler y pensar con concentración y bondad.

—

El embellecimiento puede integrarse fácilmente en la cocina, la limpieza y los cuidados. Cuando te involucras en actividades diarias viéndolas desde la perspectiva de la creación de belleza, estas se convierten en actividades sanadoras. Abordar una actividad como una oportunidad para crear belleza (o no) genera ondas que se propagan a través del espacio-tiempo y que afectan a los contornos de nuestra realidad. La trayectoria está determinada por las fuerzas invisibles que impulsan la calidad de la acción. Para embellecer debes acercarte, involucrarte y relacionarte.

Reflexionar sobre las muchas manos implicadas en que puedas comerte un aguacate o un plato de arroz (consciente de que cada par de manos conoce el sufrimiento) puede hacer que la gratitud aumente a medida que tu dependencia de ellas te afecte. Sintonizar con las personas que trabajan duro para proveerte de cosas puede ablandarte el corazón después de un día estresante. Puedes generar belleza en la forma en que preparas la comida poniendo atención en su valor nutricional, la disponibilidad local y estacional y la preocupación por quienes comerán esos platos. Puedes crear belleza mediante la forma de disponer la comida en el plato, transmitiendo visualmente que te importa. Puedes infundir gratitud y alegría en el movimiento con el que llevas el plato a la mesa. Al sostener una taza que te regaló un ser querido, puedes sintonizar y sentir su contacto, lo que imbuirá el momento de una belleza cálida.

Puedes embellecer tu hogar mientras friegas los platos, no solo haciendo que la cocina esté más ordenada, sino también manipulando los platos con reverencia. Cada utensilio y olla que sujetas con espíritu de cooperación genera unos valores agradables y edificantes. En cambio, el ruido de los utensilios al manipularlos bruscamente en un estado de resentimiento reverbera tensión. Puede que la diferencia en el volumen del sonido no sea tan grande, pero la diferencia en la calidad del corazón es drástica.

Otra dimensión de la creación de belleza conlleva tratar a las personas y las cosas a tu alrededor con respeto. El respeto implica tener en cuenta las necesidades de todas las personas y cosas involucradas y reflexionar sobre si tus actos son hábilmente conscientes. Por ejemplo, respetar un trapo implica lavarlo después de usarlo, escurrirlo bien y colgarlo para que se seque en lugar de dejarlo en un montón arrugado que empieza a oler mal y hace casi imposible que el trapo cumpla con su trabajo la siguiente vez que quieras limpiar con él.

Ritualizar el respeto es un rasgo característico de la cultura japonesa. El respeto está integrado en la forma en que conjugas los verbos. Hablar japonés también implica puntuar la conversación con frases respetuosas. No solo pronuncias las frases ritualizadas, sino que también mueves el cuerpo apropiadamente según la manera codificada de respeto, desde inclinarte al decir «gracias» o «lo siento» (incluso si estás hablando por teléfono) hasta pasar los objetos con las dos manos ligeramente elevadas y la cabeza levemente más baja. Hacer una reverencia es un acto de confiarse a la persona ante la que te estás inclinando, ya que físicamente pones el cuerpo en una posición vulnerable y renuncias al poder de la vista. Inclinarse por respeto ayuda a cultivar relaciones de confianza. La gratitud también se expresa invariablemente con una reverencia. La reverencia es el ritual principal mediante el cual la cultura japonesa coreografía las interacciones armoniosas.

Sea cual sea nuestro origen cultural, cada uno de nosotros puede generar su propio repertorio de rituales que embellezcan las interacciones, especialmente el núcleo de la comunicación. Las palabras, el tono de voz, las expresiones faciales y el comportamiento físico trabajan en conjunto para revelar lo que hay en tu corazón. Si este está lleno de amor, incluso si tus palabras son simples y tus gestos son torpes, la gente te entenderá. Del mismo modo, aunque tus palabras sean refinadas y te muevas con decoro, si realmente no te importa, la gente también podrá verlo. Estar en contacto con tu corazón es esencial para comunicarte de una manera que embellezca una relación. Si sabes que estás frustrado, puedes expresárselo a alguien sin derramar tu estrés en esa persona. Puedes admitir que no estás de humor, y si de verdad no quieres desquitarte con él, la belleza de tu corazón puede emerger. Esa persona, a su vez, estará más inclinada a responder del mismo modo. Hacer una pausa para respirar profundamente unas cuantas veces puede ser un pequeño ritual que te ayude a recordar que profundices la conexión contigo mismo y con otras personas. Aoyama Roshi recomienda que nos hagamos reverencias unos a otros al empezar y al terminar una discusión, puesto que una reverencia puede ponerte en contacto con tu humildad, ya que al mismo tiempo representa una expresión de respeto por la persona a la que te diriges. Pensar en ello como un ritual puede ayudarte a convertirlo en un hábito, lo cual realzará la belleza de tu carácter.

Yamaguchi-san es la personificación de la cortesía como belleza en movimiento. Una vez compartió conmigo que había prometido no quejarse ni decir nada malo sobre nadie nunca. Rápidamente añadió que se necesita disciplina y paciencia para ser amable, reflexionando sobre que cuanto más fuerte eres, más bondadoso puedes llegar a ser. Para favorecer el mantenimiento de su voto escribe en su diario, lo cual la libera y la ayuda a procesar sus sentimientos negativos. Nos reímos cuando ella confesó lo siguiente: «Si alguien lo encontrase, ¡sería terrible! ¡Así que no lo escribo todo!». Me pareció reconfortante aprender que incluso una persona tan hermosa no es perfecta. Lo que hace que personas como ella sean hermosas y sencillas a la hora de embellecer su entorno es que les importa y lo respetan lo suficiente para concentrar su atención en cómo lo que hacen y dicen afecta a nuestro corazón.

—

La belleza enriquece todo lo que tiene alrededor. La sanación es la activación de todos nuestros sentidos al servicio de la belleza. Empaparse de belleza no elimina necesariamente las circunstancias que nos afligen, pero actúa como un antídoto contra la amargura. La belleza ejerce de disolvente, aflojando los desechos del corazón, y detiene la calcificación de la negatividad. La belleza otorga una forma grácil de sustento que alivia los lugares más sensibles. Es una medicina potente que puede impregnarse en los intersticios del corazón, un bálsamo dorado para reparar mellas y fisuras. A veces la belleza cura cosas que ni siquiera sabías que eran heridas hasta sentir las fuerzas liberadoras que las reemplazan. Embellecer puede aliviar el estrés y la pérdida, puesto que fortalece el corazón para que seas más bondadoso contigo mismo y con los demás.

Percibir la belleza es una forma de aceptación profundamente refinada, ya que verla implica reconocer el valor de algo y apreciar sus fortalezas y sus aportaciones. Puede ayudar a elevar la conciencia de nuestra interrelación. Ver que somos una parte integral del mundo también puede hacernos despertar a la belleza que hay en nuestro interior, una dimensión central de la sanación. Cuando Nagai-san contempló la pintura de los patitos finalmente se vio a sí misma como una persona amada y encantadora. Al permitirse estar en contacto con su dolor se vio reflejada en el cuadro. Abrió el corazón y la belleza sanadora fluyó hacia él.

Embellecer es cultivar la belleza en el modo en que te relacionas con el mundo, lo cual puede parecer sobrecogedor cuando observas el mundo con seriedad y claridad. Un número incalculable de personas ansía recuperarse de relaciones rotas. Infinidad de personas no se sienten merecedoras de amor. Hay un grupo enorme de personas que se involucran en tácticas deliberadamente divisorias. La tierra se retuerce porque a la gente no le importa. Incluso en mitad de todo esto podemos recordar que la calidad de nuestras relaciones depende de la calidad de nuestro corazón. Enfocar nuestro corazón en las conexiones invisibles que se entrelazan en el mundo puede ayudarnos a abrir al corazón cada vez más y continuar expandiendo nuestro círculo de interés. Embellecer conlleva un esfuerzo consciente, consideración y sintonizar con el pulso de nuestro mundo interdependiente.

Compartir belleza fortalece el corazón sanador.

El sol baila en el cielo.
La lluvia baila para la tierra.
El amor baila por medio de nuestro corazón.

和

13 | ARMONIZAR

¿Qué puedo hacer para armonizar con mi yo más profundo, mi comunidad y las estaciones?

El aire frío de la tarde de diciembre vigorizó nuestro correr de aquí para allá por Harvard Square. Con el atuendo negro de los conciertos, tomamos nuestros asientos en el escenario a tiempo para el ensayo de calentamiento en la Longy School of Music. Vestido con un esmoquin negro que su cabello plateado realzaba, nuestro querido director de orquesta estonio, Endel Kalam, caminó hacia el podio exudando su solemne pasión por la música. Aunque los violinistas queríamos calentar los dedos con las notas rápidas de la segunda pieza del programa, *la Sinfonía número 7* de Haydn, el señor Kalam dedicó la mayor parte del ensayo de calentamiento a la primera pieza, una composición breve y etérea con notas de ejecución lenta. Con gran atención nos impulsó a reducir el ritmo, respirar juntos y estar completamente presentes. Nos imploró que no solo contásemos los compases para empezar y terminar de tocar, sino que también escuchásemos con todo el corazón el inicio y el final de cada nota, para poder generar la sensación de una corriente eterna de flujo, reflujo y conexión. Su sabiduría cobró vida cuando empezamos el concierto bañando al público (entre el que se encontraban su mujer y su hijo, que raramente asistían) en oleadas sublimes de armonías exquisitamente cautivadoras.

El señor Kalam dio un claro compás de entrada para el último acorde del primer movimiento de la sinfonía de Haydn. Mientras mirábamos su batuta para terminar todos a la vez el acorde, una nebulosa de sonidos engorrosos y mezclados llenó el aire. Nuestro clarinetista saltó hacia el señor Kalam, que se había desplomado en el suelo del escenario. El clarinetista también era cardiólogo y sabía lo que había pasado. Faltaba una semana para el septuagésimo cumpleaños del señor Kalam.

Un mes más tarde, el 15 de enero de 1986, reiniciamos el concierto, esta vez como homenaje, bajo la batuta del hijo del señor Kalam, Toru. Era un director de orquesta muy profesional que nos guiaba a través de la música. Cuando llegamos a aquel acorde, al final de un *allegro*, había una sensación palpable de no querer que terminase, de anhelar un final distinto. Después de que Toru indicase la interrupción, inhalamos profundamente antes de entrar en un nuevo mundo juntos. Aunque el segundo movimiento empieza con un silencio mesurado, la sensación fue como si la luz del sol irradiara a través de un hueco entre las nubes. Experimentar juntos que estaba bien seguir haciendo música llegó como un bálsamo curativo. Podíamos seguir viviendo con alegría, aunque la tristeza nos pesase en el corazón. Una sensación desgarradora de gratitud brotaba de la música que hacíamos. La batuta del padre, que ahora había pasado al hijo, proclamaba lo sanador que puede ser armonizar con los demás.

Al armonizar con los demás te sientes apoyado, como si tuvieras el viento en la espalda. Las conexiones cooperativas amplifican la concentración y la energía. Fíjate en los pequeños impulsos de energía que recibes y das cuando compartes una sonrisa con alguien. Ten en cuenta cómo el hecho de que te hagan o de que hagas tú una pregunta considerada desata la atención y alienta la implicación. Contar un chiste puede hacer que las personas estallen en carcajadas, lo cual muchas veces desencadena todavía más carcajadas. Cada uno de estos fenómenos comunes ilustra la armonía en el trabajo.

Dado que somos interdependientes, cada uno de nosotros tiene un impacto en las circunstancias que compartimos. Involucrarnos en acciones con la intención de aliviar el sufrimiento lleva a la sanación. Del mismo modo, pero con el efecto contrario, cualquier persona que odie es la primera en sentir el impacto negativo del odio. Cuando no estamos sincronizados con nuestra realidad interrelacionada, armonizar con otras personas no nos conducirá a la sanación. Para armonizar y sanar, nuestro corazón tiene que estar en sintonía con aquello que causa el sufrimiento y el lugar en el que este tiembla.

Escuchar con curiosidad (a nosotros mismos, a los demás, las señales en nuestro entorno, las dinámicas de una situación...) nos ayuda a abrir la mente para descubrir aspectos que no habíamos percibido o entendido antes. El hecho de que nos guíe una perspectiva compasiva nos ayuda a acercarnos y a escuchar lo que se mueve bajo la superficie. Estar sintonizados en este nivel más profundo puede mostrarnos lo que se necesita para generar un lugar seguro donde compartir las vulnerabilidades, el dolor o la vergüenza. Esta es una versión de lo que mencionaba en capítulos anteriores sobre ver con «los ojos del corazón». Ver de esta manera revela los múltiples factores que impulsan las aversiones, los apegos y las distorsiones que afianzan el sufrimiento. Conectarnos por medio del corazón agitado fomenta un vínculo que fortalece la confianza: si nos conmueve el dolor de los demás, podremos abrir el corazón a los cuidados.

Es sensato y aleccionador centrarse en el sufrimiento que hay en el mundo. Casi siempre nos resulta difícil aceptar los aspectos que no nos gustan de los demás, de la situación e incluso de nosotros mismos. Sin embargo, si no afrontamos la realidad del sufrimiento, no podremos abordarlo. El sufrimiento engendrará más sufrimiento. La ignorancia y la negación no ayudan ni sanan. Cuando entendemos las fuentes del sufrimiento podemos tomar decisiones encaminadas a eliminarlas. Lo que eso conlleva no siempre es obvio: nuestro ideal es eliminar las raíces del sufrimiento. Cuando el sufrimiento se encuentra con nuestros ideales en lugar de con la indiferencia o la negatividad, el corazón emana una calidez que abre un canal para la curación. Con nuestros ideales presentes podemos reunir todo nuestro coraje y aprovechar firmemente la sabiduría que reside en nuestros huesos.

Se requiere una actividad creativa profunda para armonizar las disonancias que asolan el corazón y nuestro mundo. Los acontecimientos inesperados y no deseados a veces hacen que la vida se perciba como un juego de suma cero en el que si uno gana los demás deben perder. Recorrer la vida de este modo genera un miedo y un antagonismo inherentes que corroen el corazón. Se necesita coraje y creatividad para ver más allá de las mentiras de inferioridad o superioridad que ocupan tanto espacio en nuestra historia y nuestra cultura. Todos queremos encajar y estar a salvo, pero las heridas con las que cargamos (algunas recientes, otras de hace generaciones) dificultan que confiemos en que tal realidad es posible.

Todos los animales se preguntan instintivamente: «¿Estoy a salvo?». El miedo es adaptativo cuando nos protege. Sin embargo, cuando los seres humanos percibimos el peligro muchas veces somos demasiado rápidos identificando la amenaza como un objeto externo. Un maestro tibetano que escapó de la tortura respondió afirmativamente a la preocupación de Su Santidad el dalái lama sobre si alguna vez había corrido peligro. Confesó que había estado en peligro de perder la compasión por sus torturadores. Esta sorprendente respuesta revela que no percibe a las personas como objetos. Era capaz de ver que sus torturadores también estaban sufriendo. Solo quienes sufren infligen sufrimiento a los demás. Esta visión expandida de nuestra realidad interrelacionada es difícil de ver, y mucho más de mantener, cuando se trata con violencia. Disolver las falsas divisiones es la clave para liberar nuestra compasión y estar a salvo del engaño de la distancia. Armonizar implica eliminar tantas divisiones como sea posible y encontrar maneras de conectar con el cuidado.

Conectar puede resultar desalentador, sobre todo al afrontar los cambios estructurales insidiosos que se requieren para librar al mundo del sufrimiento causado por las perspectivas limitadas y la codicia, el odio y el engaño sistémicos e institucionalizados. Aunque muchas cosas están más allá del control de una sola persona, cada uno de nosotros puede marcar la diferencia, especialmente con las pequeñas cosas que hacemos en nuestro día a día: intercambiar unas palabras amables con un cajero, permitir que un vehículo con el intermitente puesto se incorpore o devolver una cartera perdida.

Un gesto de bondad de este tipo se me quedará grabado para siempre en el corazón. Mientras llenaba de cosas mi maleta en Bodh Gaya, la India, para prepararme para viajar a Japón, ya había empezado a sopesar cómo me las apañaría con los trenes y metros desde el aeropuerto de Narita hasta el apartamento de mi tía en Tokio. Mi maleta sin ruedas se había hinchado después de varios meses en la India. Al llegar a Tokio, cientos de personas, hombro con hombro, pasaban apresuradamente a mi lado mientras yo avanzaba lentamente, obstaculizando la corriente del prodigioso tráfico peatonal de los trabajadores en la ciudad. Ya estaba agotada cuando llegué a la parte baja de la escalera más larga de la estación de metro más profunda de la capital. Hice una pausa mientras miraba hacia arriba, reuniendo todas mis fuerzas para tomármelo paso a paso. Sin decir palabra ni mirarme, un anciano diminuto añadió su mano al asa de mi maleta. Parecía ser la persona más mayor en el mar de personas que pasaban. Juntos subimos los treinta y cuatro kilos de maleta hasta arriba. Su fuerza me hizo sacar más de la mía, lo cual nos permitió ascender los seis tramos de escalera sin pausas. Cuando llegamos al último escalón, soltó el asa y siguió andando. Aunque no pudo verme inclinarme, espero que me oyese decir: *«Domo arigato gozaimashita»* (¡Muchas gracias!). Aún vivía en un mundo en que la gente simplemente extendía la mano para hacer lo que fuese necesario. Sin preguntas. Sin expectativas. Su bondad todavía me calienta el corazón más de treinta y seis años después. Cada vez que alguien, o yo misma, extiende la mano creamos ese mundo.

Tras alistarse con entusiasmo después del ataque a Pearl Harbor, Lucian Robinson vio cosas atroces como fotógrafo de la Marina en el portaaviones USS Independence. Cuando terminó la Segunda Guerra Mundial regresó a Detroit. Lucian, de veintidós años, el hijo mayor de una familia cristiana blanca centrada en la educación y la justicia social, decidió conseguir trabajo en Japón para empezar a sanar después de la guerra y casarse con el enemigo.

Una tarde, mientras conducía un todoterreno por las calles de Yokohama, Lucian vio como acosaban a dos jóvenes japonesas. Les ofreció llevarlas en su coche. La sonrisa de Masuko Arai llamó la atención de mi padre. Como quería asegurarles a ella y a sus padres que sus intenciones eran honorables, iba regularmente a su casa después del trabajo y siempre les llevaba dónuts u otros obsequios occidentales. La ocupación de Estados Unidos le había dado trabajo como taquígrafo judicial, lo cual le permitía comprar estos artículos en la bolsa militar estadounidense. En cada visita le enseñaba a Masuko a escribir a máquina, una habilidad que podría ayudarla a conseguir un codiciado trabajo de oficina. Cuando se ganó la confianza de sus padres le pidió una cita.

Era natural que su primera cita tuviese lugar en su velero, atracado en la bahía de Tokio. Además de sus años como fotógrafo de la Marina, Lucian había sido capitán del equipo de natación de su instituto y había pasado varios veranos ejerciendo de socorrista. Con la prestación por haber sido vencedor de la guerra pudo comprar fácilmente el velero de sus sueños. Aunque Masuko había pasado muchos días de verano con sus hermanos saltando de una gran roca a una piscina profunda junto al mar, estaba entusiasmada con la idea de navegar por la bahía. Lucian echó el ancla por la borda, se sumergió en el mar resplandeciente y llamó a Masuko para que se lanzara al agua. Ella se sintió como si hubiese navegado hacia un mundo totalmente nuevo, lejos de los horrores de la guerra a los que había conseguido sobrevivir. Todo parecía soleado y seguro. Sin pensarlo, saltó alegremente. Entonces recordó que no sabía nadar. Lucian le salvó la vida a Masuko en su primera cita.

El 22 de noviembre de 1947, ambos vestidos con kimono informal, se casaron en un santuario sintoísta. Que ciudadanos estadounidenses se casasen con ciudadanas japonesas estaba en contra de la ley de ocupación de Estados Unidos. Para evitar que la policía militar los descubriese, iniciaron sus cuarenta y nueve años de matrimonio viviendo en aquel velero. En 1957 se mudaron a Detroit. Masuko llevó consigo algunos jarrones muy preciados que consiguió mientras obtenía la certificación formal como maestra de la escuela Sōgetsu de arreglos florales. Quería construir un puente de flores que conectase su mundo de refinamiento estético japonés con cualesquiera que fuesen las flores que encontraría en su nueva tierra. Dado que valoraba la armonía familiar, fue bautizada en la Iglesia Metodista Central, la iglesia del centro de Detroit a la que asistía la familia de Lucian. A finales de marzo de 1968 el doctor Martin Luther King Jr. predicaría allí por última vez. El templo estaba al máximo de su capacidad. Masuko cogió la mano de su hija de siete años mientras encontraban un pequeño espacio en un banco del balcón. Detroit seguía agitada por los disturbios por la justicia racial de 1967, que habían estallado en pleno julio. En la mente de Masuko, el sonido de los disparos rebotando en el aire veraniego a solo unas pocas manzanas de distancia (el humo ondeando sobre su casa, tanques aparcados en el callejón de detrás) se fusionaba con recuerdos de lo que había visto y oído durante la guerra. El coraje y la fuerza para vivir la idea de paz y justicia social se plasmaba en su hija. Nacida fuera de la guerra. Nacida del amor.

El zumbido del sufrimiento que reverbera a través de nuestro mundo nos ruega que organicemos actividades sanadoras que armonicen con el ritmo de nuestra vida. Nuestra vida ondea entre pasajes duros y tranquilos: algunos parecen infinitos, otros demasiado breves o infrecuentes. Navegar por las corrientes con un mínimo de elegancia es uno de los objetivos de la sanación. La curación está en la forma en que respondemos a las circunstancias. No hay un final; las circunstancias seguirán desencadenándose.

Cuando los ideales de justicia, amor, libertad y paz están enterrados en la turbia realidad de la opresión, la crueldad, la dominación y la violencia, no caer en la desesperanza se convierte en un auténtico reto. La división genera sufrimiento. Compartimos esa experiencia vivida. Sin embargo, no somos meramente víctimas indefensas. Podemos armonizar y generar sanación. De hecho, somos los únicos que podemos hacerlo. Nadie más que nosotros. Somos nuestro mundo.

El arduo trabajo de armonizar implica contrarrestar los engaños con una conciencia clara. Cuestionar con curiosidad puede aclarar una situación y ampliar el alcance de lo que contemplamos. Razonar mediante la evidencia tiene el poder de eliminar obstáculos que bloquean una visión completa de la realidad. Si lo hacemos de manera hábil y honesta, se pueden superar el miedo y la antipatía. La generosidad es una fuerza directa que puede deshacer la acritud de la codicia. El odio transformado en tolerancia puede crear un mundo al que todos pertenezcamos y hacernos más fuertes por medio del esfuerzo cooperativo. Aprovechar esa sabiduría acumulada y las habilidades perfeccionadas puede impulsar nuestro esfuerzo por respondernos unos a otros con creatividad efectiva.

Armonizar es sanador cuando los ideales y la realidad se entrelazan con manos compasivas.

ADN

Dotada de

Orejas
para oír los lamentos del mundo,
para escuchar las enseñanzas
y oír a los pájaros cantar.

Ojos
para ver el dolor
en tus ojos,
para visualizar reinos felices.

Narices
para oler rosas
y la fragancia del perdón.

Bocas
para probar.
¿La sopa necesita sal?
Para saborear la satisfacción de nutrirse.

Dedos
para curar una herida
o tocar el violín.

Brazos y piernas
para cargar
libros y maletas
y corazones apesadumbrados.

Corazones
de oro

para latir en sincronía
con los tambores de la justicia.

Mentes
para pensar en finanzas
y colada,
para expandirnos con la llamada de la sabiduría.

Úteros
para dar a luz
formas de amor
arrugadas, suaves,
redondas, angulares,
oscuras, claras.

Codificadas con el ADN de Buda.
¡Qué magníficos vehículos
para transportar compasión!

Amplía la lente lo suficiente y podrás ver que todas nuestras historias están relacionadas. Las variaciones mínimas en nuestro ADN, nuestra capacidad para ser portadores de virus entre especies...; estos puntos en común son convincentes. Sin embargo, tal conocimiento no siempre tiene el poder de modificar nuestra percepción o nuestro comportamiento. Los sentimientos muchas veces pueden generar la energía necesaria para transformar el corazón y nuestros actos diarios. Una forma de acceder a los sentimientos que avivan la sabiduría sanadora de nuestra interrelación es familiarizarse con los contornos y las texturas del lodo. Nuestros sentidos pueden guiarnos en ese camino. Inspirar aire acre es oler que alguien tiene dificultades para respirar. Cambiar el vendaje de una herida de bala es tocar el violento azote que destroza familias y comunidades. Comer refrigerios producidos por químicos para incrementar el antojo sin tener en cuenta el valor nutricional es saborear la codicia. Oír el ruido sordo de las aspas de un helicóptero que va a sofocar un incendio forestal virulento es oír el lamento del planeta. Ver a un estudiante de piel oscura en una clase llena de estudiantes de piel clara es ver el funcionamiento del racismo institucionalizado. Saber que las mentiras que infunden miedo empujan a las personas a tomar decisiones incluso en contra de sus propios intereses es entender el poder del engaño. Las raíces del sufrimiento están enredadas alrededor de la raíz primaria del engaño: el engaño de la individualidad. Germinan zarcillos de codicia egoísta que se disfrazan de las recompensas ganadas por volverse poderoso; emana odio hacia los demás que se hace pasar por protección de los seres queridos. Estos venenos del corazón nos atrincheran a todos más profundamente en el barro. Las paredes no pueden dividir el barro de forma eficiente. El barro remueve nuestro sufrimiento.

La compasión está en casa, trabajando en el barro. Va a los lugares que se deterioran para aliviar el sufrimiento. Ninguna necesidad es demasiado pequeña para merecer una respuesta compasiva, ni demasiado compleja para que pequeños actos de compasión calmen un poco el sufrimiento. Siempre en sintonía con la dinámica intrincada de las circunstancias actuales, la compasión es un acto específico y concreto que satisface la necesidad del momento. Una acción compasiva puede provocar una cascada de vitalidad benéfica. La compasión armoniza y reverbera.

Un violín tiene cuatro cuerdas: sol, re, la y mi. La cuerda la está afinada a 440 hercios. Si se toca la nota la en la cuerda re a exactamente 440 hercios (no a 440,1), la cuerda la vibrará. Cuando ambas cuerdas vibran en armonía crean un sonido más rico que el que ninguna de ellas podría producir por sí sola. También se activan otros sobretonos, que profundizan la meliflua eufonía. Colocar el dedo con precisión se vuelve más consistente con la práctica disciplinada y el enfoque intencional en el momento, lo cual pone en movimiento oleadas de sonoridades exuberantes. Del mismo modo, un acto de compasión perfectamente orientado resonará y llegará a armonizarse con una sintonía de actividades compasivas. Cuando estamos en sintonía con las circunstancias de nuestra vida diaria y actuamos con compasión, un pequeño acto puede amplificar nuestra fuerza y convertirse en una fuente inagotable de belleza armoniosa.

Cuanto más expansiva sea nuestra esfera de compasión, más profunda será la sanación.

—

Quizá puedas orquestar un ritual de compasión en tu repertorio de actividades sanadoras. Ve a un sitio en el que te sientas seguro: una silla cómoda, un espacio bajo un árbol, frente a una masa de agua, un cojín frente a un altar. Lleva a cabo un acto sencillo que te ayude a estar en contacto con tu corazón: encender una vela, quemar incienso, hacer sonar una campana, hacer una reverencia, inspirar profundamente... Empieza con tu esfera de interés más pequeña (qué cocinar para la cena, reconocer ese dolor en el cuello, sentir un malentendido con un amigo) y enfoca tu intención en encontrar una respuesta compasiva a la situación. Después de instalarte en un estado de paz (incluso si no has vislumbrado un plan concreto), amplía tu esfera de interés. Irradia compasión a tu sistema cuerpo-corazón-mente, a las personas queridas que tienes cerca, a cualquier ser a tu alrededor. Amplía tu esfera para abrazar tu ciudad, tu región, tu hemisferio, nuestro planeta, nuestra galaxia, las galaxias vecinas...; lo más grande que puedas imaginar. Hazlo durante el tiempo que mejor se ajuste a tus circunstancias: un minuto, cinco minutos, una hora, una vez al día, por la mañana y por la tarde, una vez a la semana. Termina con una sonrisa amable, agradeciendo lo que te sostiene a la hora de activar el amor.

No dudes en crear tus propios rituales que satisfagan tu estética, armonicen con el ritmo de tu día, te embellezcan el corazón y te ayuden a vivir una vida de sanación.

Sanar es un arte.
Sanar es ver todo interrelacionado
en una danza perpetua de cambio.
Sanar es conectar con gratitud.
Sanar es armonizar con compasión.
Sanar es crear belleza con el barro.
Sanar es una peregrinación

Más poderoso que el odio,
el amor sanador florece en el barro.
Respiraciones armonizadoras.

SOBRE LA AUTORA

PAULA ARAI cursó su doctorado en Estudios Budistas en la Universidad de Harvard y se especializó en el zen Sōtō japonés. Es la autora de *Painting Enlightenment: Healing Visions of the Heart Sutra* (Shambhala Publications), *Women Living Zen: Japanese Sōtō Buddhist Nuns* (Oxford University Press) y *Bringing Zen Home: The Healing Heart of Japanese Women's Rituals* (University of Hawai'i Press). Ha sido coeditora de *The Oxford Handbook of Buddhist Practice* (Oxford University Press). Como investigadora centrada en la experiencia encarnada, ha recibido una variedad de apoyos, incluidos los del Programa Fulbright de ayudas educacionales, el Consejo Americano de Sociedades Científicas, la Fundación Mellow y el Instituto Reischauer de Estudios Japoneses de la Universidad de Harvard. Ha organizado exposiciones de las pinturas del *Sutra del corazón* de Iwasaki Tsuneo en un buen número de recintos, entre ellos el Museo de Arte del Estado de Luisiana, la Colección Crow de Arte Asiático de Dallas y el Museo Morikami en Florida. Profesora dedicada, Arai ha dado clases en la Universidad Vanderbilt, en el Carleton College y en la Universidad Estatal de Luisiana, y actualmente es profesora Eshinni y Kakushinni de Mujeres y Estudios Budistas en el Instituto de Estudios Budistas de Berkeley.

Bajo la tutela de Aoyama Shundō Roshi, se formó en el zen en el convento de monjas Aichi Senmon Nisōdō de Nagoya (Japón). Es una oradora muy activa y también dirige talleres sobre rituales de sanación. Los padres de Arai, que se conocieron durante la ocupación de Estados Unidos en Japón, se comprometieron a sanar después de la Segunda Guerra Mundial. Su madre, japonesa, y su padre, euroestadounidense, la criaron en Míchigan. Le gusta el senderismo, tocar el violín y ver a su hijo hacer trucos de magia. Le encantan los perros y los juegos de mesa, especialmente el Pictionary. Para más información, visita <www.zenhealing.org>.